Schnell kochen und genießen

Sabine von Imhoff

Schnell kochen und genießen

Rasch eingekauft, mühelos zubereitet, im Handumdrehen serviert.

Die Farbfotos gestaltete Georg M. Wunsch.

GU GRÄFE UND UNZER

Das finden Sie in diesem Buch

Praktisch und schnell

Gut geplant ist halb gekocht. Kleine Vorräte müssen sein. Aber: Auf die Mischung kommt es an.

Tips und Tricks

Schnelle Handgriffe, tolle Ideen zum Garnieren und Dekorieren.

Garmethoden, die Zeit sparen helfen

Die richtige Ausstattung an Geräten bestimmt das Tempo.

Feine Vorspeisen und köstliche Snacks

Verlockendes aus frischen Zutaten und Fertigprodukten

Gäste und sich selbst verwöhnen

Raffinierte Desserts, die leicht gelingen

Wichtige Tabellen

Der Inhalt des Buches von A-Z

Übrigens:
Gerichte, die in 30 Minuten zubereitet sind, haben dieses Symbol ✓.

Wichtiger Hinweis
Wenn Sie das eine oder andere Rezept in der Mikrowelle zubereiten, sollten Sie unbedingt die Gebrauchsanleitung des Herstellers beachten. Beim Erhitzen von Flüssigkeiten kann es zu einem Siedeverzug kommen, das heißt, daß die Flüssigkeit erst zu brodeln anfängt, wenn das Gefäß aus dem Gerät genommen wird (Verbrennungsgefahr). Deshalb die Flüssigkeit am besten nach der angegebenen Zeit im Gerät noch ein wenig abkühlen lassen oder mit einem Glasstäbchen im Gefäß erhitzen (das sorgt für eine gleichmäßige Erwärmung). Wenn Sie Fragen haben und trotz aller Hinweise unsicher sind, wenden Sie sich am besten an die Beratungszentren Ihres Energieversorgungsunternehmens, an die Verbraucherzentralen in Ihrer Stadt oder an den Hersteller. Neue Geräte sind gesundheitlich unbedenklich. Es ist jedoch empfehlenswert, sie nach einiger Zeit auf Strahlendichtigkeit hin untersuchen zu lassen. Fragen Sie Ihren Fachhändler.
Auch beim Kochen im Schnellkochtopf sollten Sie unbedingt auf die Hinweise des Herstellers achten.

Praktisch und schnell

Erst planen, dann kochen

Schnell kochen und genießen kann so einfach sein, wenn Sie die Zubereitung der Mahlzeiten nicht dem Zufall überlassen, sondern gut planen und gezielt vorsorgen. Dies bringt Abwechslung und hilft Zeit und Geld sparen. Sorgen Sie also für eine stille Reserve, die auch in der kleinsten Wohnung Platz hat. Richten Sie sich bei der Auswahl der Lebensmittel nach Ihrem Geschmack, Ihren Eßgewohnheiten und Ihren Vorlieben.

Frisch oder auf Vorrat einkaufen?

Zutaten wie Fleisch, Wurst, Fisch, Gemüse, Obst, Eier, Butter, Milch und Milchprodukte sowie Brötchen und Brot sollten Sie täglich oder je nach Bedarf mehrmals wöchentlich einkaufen. Getränke, H-Milch und Tiefkühlprodukte können einmal im Monat auf dem Einkaufszettel stehen. Trockenvorräte wie Teigwaren, Reis, Mehl und Vollkonserven kaufen Sie am besten vierteljährlich ein. Kaufen Sie nur in bedarfsgerechten Mengen ein und achten Sie beim Einsortieren darauf, daß die neugekaufte Ware nach hinten kommt, damit die ältere zuerst aufgebraucht wird.

Zutaten, die nie ausgehen dürfen

Gewöhnen Sie sich an, alle Zutaten, die aufgebraucht werden, gleich auf den Einkaufszettel zu schreiben.

• Auf Weizenmehl, Zucker, Puddingpulver, Vanillin- oder Vanillezucker, Backpulver, Gelatine, gemahlene Mandeln und Haselnüsse, gehackte Pistazienkerne, Kakao, Raspel- oder Borkenschokolade und Kuvertüre sollten Sie jederzeit zurückgreifen können.

• Saucenbinder – heller oder dunkler – bindet Suppen und Saucen blitzschnell und ohne Klümpchen. Mit Wasser angerührtes Mehl oder Speisestärke erfüllt den gleichen Zweck. Wer's vollwertig mag, bindet mit Dinkelmehl, das ebenfalls nur untergerührt werden muß.

• Getrocknete Pilze wie Steinpilze oder Mu-Err unterstreichen den Geschmack von Fleischgerichten und Saucen.

• Mit Trockenfrüchten wie Pflaumen, Rosinen, Aprikosen und Mischobst können Sie backen oder Süßspeisen und Müslis süßen.

• Auch Honig, Marmelade, Kaffee und Tee sowie H-Milch, die es mittlerweile auch in Pfandflaschen gibt, sind ein Muß.

• Beliebte Beilagen wie Nudeln, möglichst in Ihren Lieblingssorten, und Langkornreis – lose abgepackt, in Kochbeuteln oder als Mischung – sollten Sie immer parat haben. Dazu gehören auch bedarfsgerechte Mengen Kartoffeln, Klöße aus der Packung und Hülsenfrüchte, die Sie mögen.

Würzen mit Pfiff

Gewürze, richtig dosiert, sind meist das i-Tüpfelchen für ein vollkommenes Gericht.

• Salz und Pfeffer dürfen in keiner Küche fehlen, wobei der Pfeffer möglichst frisch gemahlen werden sollte.

• Currypulver, edelsüßes Paprikapulver, Cayennepfeffer, Kümmel, Wacholderbeeren, Senfkörner und Lorbeerblätter gehören zur Grundausstattung.

• Kräuter geben den meisten Gerichten, besonders wenn sie frisch sind, erst den besonderen Pfiff. Thymian, Majoran, Estragon, Salbei, Basilikum, eventuell auch Kräuter der Provence, sind nicht immer frisch erhältlich. Getrocknete Kräuter oder in Pflanzenöl eingelegte – diese sind besonders aromatisch – sind eine gute Alternative. In Öl konservierte Kräuter sollten Sie nach dem Anbrechen im Kühlschrank aufbewahren.

• Wer ein Gefrierfach im Kühlschrank oder ein Tiefkühlgerät hat, sollte sich einen Vorrat an tiefgefrorenen Kräutern anlegen. Die Palette reicht von Petersilie über Schnittlauch, Dill, Basilikum bis hin zu Salatkräutern. Vorteil: Sie sind streufähig und können portionsweise verwendet werden.

• Ein Spritzer Worcester- oder Sojasauce sorgt für eine würzige Note. Mit Peperoncini schmeckt's feurig.

• Instant-Brühe, möglichst in verschiedenen Geschmacksrichtungen, darf auf keinen Fall fehlen. Ob Gemüse-, Geflügel- oder Rindfleischbrühe – das körnige Pulver löst sich sofort in kochendem Wasser und würzt Gemüse, Saucen sowie Suppen. Diese Sorten sind auch als Würfel oder Pasten im Handel.

Würzpaste

Kräuter in Öl

Geflügel-Fond

Honig

Feuerbohnen

Kräuter der Provence

Instant Brühe

Öl und Essig

Ohne eine pikant gewürzte Marinade sind Salate nur fades Grünzeug. Mindestens ebenso vielfältig wie die Salatsorten ist das Angebot an Öl und Essig – beides unentbehrliche Begleiter. Ob Sie kaltgepreßtes Olivenöl, Sonnenblumen-, Soja- oder Maiskeimöl, Walnußöl oder andere aromatisierte Öle verwenden, bleibt Ihrem Geschmack überlassen. Mit ein bis zwei Sorten sind Sie gut bedient. Beschränken Sie sich auf zwei Essigsorten: einen guten Weinessig zum Würzen und einen sehr edlen, wie beispielsweise Aceto balsamico, der nur tropfenweise verwendet wird.

Fett zum Kochen

Je nachdem, welche Zubereitungsart Sie bervorzugen, sollten Sie auch verschiedene Fettsorten vorrätig haben. Zum Braten muß das Fett sehr heiß sein. Deshalb sind Butterschmalz oder Pflanzenöl dafür ideal. Beide Sorten sind länger haltbar und unterstreichen den Eigengeschmack eines Lebensmittels.

- Butter schmeckt als Brotaufstrich und rundet den Geschmack von Suppen, Saucen und gedünstetem Gemüse ab.

Nützliche Fertigprodukte

Gut sortierte Supermärkte haben erstklassige Fertigprodukte im Sortiment. Bewußt ausgewählt und mit frischen Zutaten kombiniert sind sie eine praktische Ergänzung.

- Geschälte Tomaten gibt es ganz oder gewürfelt im eigenen Saft. Ganze Tomaten können Sie notfalls als Gemüsebeilage zu Fleisch, Fisch und Geflügel servieren; passiert geben sie Suppen und Saucen das typische Aroma.
- Gewürzgurken eignen sich entweder als Beilage oder zum Garnieren.
- Sojasprossen und Mungobohnenkeimlinge aus dem Glas sowie Artischockenherzen oder -böden aus der Dose verfeinern Salate, Suppen und Pfannengerichte.
- Mayonnaise, Tomatenmark, Meerrettich und mittelscharfen Senf aus der Tube können Sie für die Zubereitung von Saucen und Dips verwenden oder auch nur zum Würzen und Verfeinern.
- Saucen-Klassiker wie Sauce hollandaise, Sauce béarnaise oder Béchamelsauce gibt es gebrauchsfertig ohne Konservierungsstoffe im Glas, im Becher oder zum Anrühren aus der Tüte.

Sie eignen sich hervorragend zum Gratinieren von Fisch, Fleisch, Geflügel und Gemüse oder als Basis für ein Frikassee. Sie schmecken zu Kurzgebratenem und lassen sich mit Kräutern, Zitronensaft und -schale geschmacklich variieren.

- Paprikaschoten, Artischocken, Zwiebeln, Oliven, Champignons, Auberginen und Zucchini, eingelegt in Weißweinessig und Olivenöl, schmecken ausgezeichnet als Antipasti. Frisch zubereitet machen sie viel Mühe, aus dem Glas oder aus dem Feinkostgeschäft sind sie im Handumdrehen serviert.
- Aus Obstkonserven, wie beispielsweise Aprikosen, Pfirsichen, Ananas und Birnen, lassen sich im Handumdrehen köstliche Desserts zubereiten.
- Die beliebte Rote Grütze gibt es aus aromatischen Früchten wie Brom-, Heidel-, Preisel- und Himbeeren mit Zucker oder Süßstoff schon fertig im Glas.
- Fruchtsaucen geben Puddings oder Eis eine fruchtige Note.
- Nuß- und Mandelmus geben Quark- und Joghurtdesserts einen nussigen Geschmack.
- Zum Süßen von Desserts ist Birnendicksaft eine vollwertige Alternative zu Zucker.
- Einige Gerichte und manche Desserts lassen sich mit einem Schuß Alkohol wie Mandel- oder Orangenlikör, Cognac, Weiß- und Rotwein sowie trockenem Sherry geschmacklich abrunden. Wer auf Alkohol lieber verzichten möchte, nimmt frisch gepreßten Zitronen- oder Orangensaft, andere Fruchtsäfte, einen Dicksaft (Reformhaus) aus Birnen oder Trauben, einfach mehr Brühe oder Wasser.

Zutaten, die aus der Kälte kommen

Wer ein Tiefkühlgerät hat, sollte einen Blick in die Tiefkühltruhen der Supermärkte oder in den Katalog der Heimdienste werfen und das große Angebot nutzen. Denn die Qualität ist meistens hervorragend. Wenn Sie einen kleinen Vorrat anlegen möchten, greifen Sie am besten nur zu Produkten, die sich vielfältig verwenden lassen. So können Sie mit etwas Phantasie Ihre Standardgerichte leicht abwandeln.

Bei Gemüse ist das Angebot am größten. Neben Einzelgemüsesorten wie Erbsen, Möhren, Champignons, Paprikastreifen, Broccoli, Spinat und anderen Sorten können Sie auch Mischungen wie Ratatouille oder Chinesisches Gemüse wählen, alles entweder im Minipack oder in den üblichen Haushaltspackungen. Für die schnelle Küche reicht die Palette von kochfertigem Fisch über Früchte, Teige wie Hefe-, Pizza- oder Blätterteig zu verschiedenen Eiscremes – von einfach bis sahnig – bis hin zur feinen Mousse au chocolat.

Sauce bérnaise

tiefgefrorene Kartoffelpuffer

Tips und Tricks

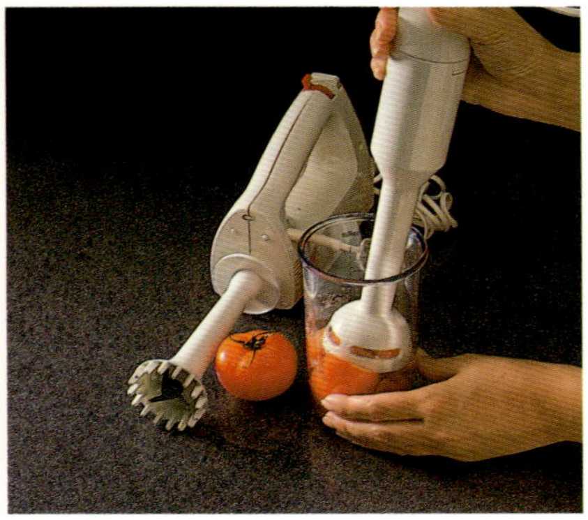

Pürieren
Die meisten Handrührgeräte haben ein Zusatzgerät zum Pürieren. Wer dieses Gerät nicht hat, kann mit einem separaten Pürierstab Gemüse und Obst zerkleinern oder Suppen schnell aufschäumen.

Küchenhelfer
Mit einem Wiegemesser oder Universalzerkleinerer lassen sich Kräuter und Zwiebeln fein hakken. Schnittlauch schneiden Sie einfach mit der Küchenschere in Röllchen. Mit dieser können Sie auch Gemüse grob vorputzen, ganze Fische aufschneiden und Geflügel zerkleinern.

Dünne Scheiben schneiden
Kartoffeln, Möhren, Zucchini, Auberginen oder anderes Gemüse können Sie blitzschnell auf dem Gurkenhobel in Scheiben schneiden. Die Scheiben lassen sich dann vielseitig verwenden, zum Beispiel für Gratins oder zum Marinieren.

Einfrieren
Reste von frisch gehackten Kräutern, kräftiger Fleisch- oder Gemüsebrühe und Wein lassen sich im Eiswürfelbereiter in kleinen Portionen einfrieren. Bei Bedarf können Sie damit ein Gericht hervorragend verfeinern.

Vorbereitungen treffen
Stellen Sie sich alle Zutaten griffbereit, bevor Sie mit dem Kochen beginnen. So haben Sie einen guten Überblick, ob alle Zutaten da sind. Fehlende Zutaten können dann noch rechtzeitig durch andere ersetzt werden. Was aufgebraucht wird, am besten sofort aufschreiben.

Planen hilft Zeit sparen
Machen Sie sich einen Zeitplan, wenn Sie ein Menü mit mehreren Gängen zubereiten möchten. Nutzen Sie die Zeit zwischen den einzelnen Arbeitsgängen, um den Tisch zu decken und um Geschirr zu spülen, oder übertragen Sie diese Arbeiten den Gästen, die zu früh kommen.

Gute Messer sind unentbehrlich
Mindestens vier verschiedene sollten es sein. Ein Fleischmesser, mit dem Sie Fleisch kleinschneiden. Mit einem großen und kleinen Gemüsemesser läßt sich Gemüse ohne Mühe zerkleinern. Obst und Gemüse werden mit dem Kartoffelmesser geputzt.

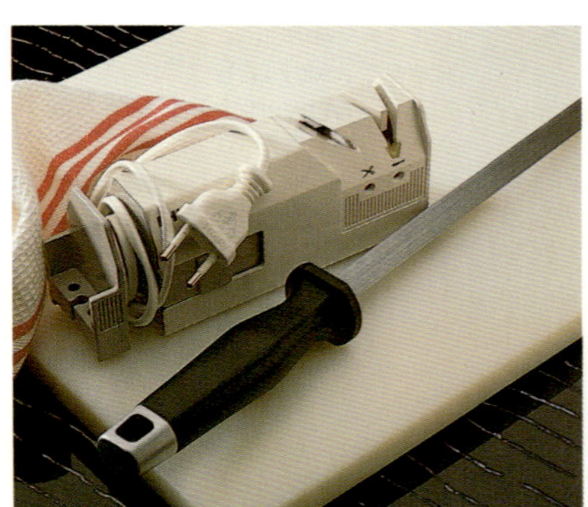

Messerschärfer müssen sein
Hochwertige Messer behalten zwar länger ihre Schärfe, trotzdem sollte ein Messerschärfer griffbereit sein. Das kann entweder ein Wetzstahl sein oder ein elektrisches Gerät. Schärfen Sie die Messer regelmäßig, das erleichtert die Arbeit.

Mit Herz garnieren
Etwas Joghurt oder Crème fraîche mit Zitronensaft und Zucker glattrühren. Ein fertiges Fruchtgelee mit etwas Cognac oder Saft verschlagen. Zwei Einwegspritzen jeweils mit Joghurt und Gelee füllen. Abwechselnd Tupfen spritzen. Ein Holzstäbchen durch die Mitte der Tupfen ziehen.

Spiralen
Joghurt mit Zitronensaft und Zucker glattrühren. Ein Fruchtgelee mit etwas Cognac verschlagen. Den Joghurt auf Teller gießen. In eine Ecke eines Gefrierbeutels ein winziges Loch schneiden. Das Gelee einfüllen und spiralförmig darauf spritzen. Mit einem Holzspieß von innen nach außen Striche ziehen.

Blättermotive
Hübsch geformte Blätter wie Minze, Efeu oder Weinlaub waschen und trockentupfen. Die Blätter auf den Tellerrand legen und mit Kakao oder Puderzucker bestäuben. Die Blätter vorsichtig abheben, ausschütteln und beliebig oft wiederholen.

Bestreuen
Mit gehackten Pistazienkernen, gebräunten Mandelblättchen, Borken- oder Raspelschokolade lassen sich Desserts dekorativ bestreuen. Oder: Die Schale von gewaschenen, unbehandelten Zitronen oder Orangen mit einem Zitrusschalenreißer fein abreißen und zum Dekorieren verwenden.

Blüten für den gedeckten Tisch
Entweder eine Schale, Sauciere oder einen tiefen Teller – passend zum Geschirr – mit Wasser füllen. Mehrere Blüten von Primeln, Margeriten oder Clematis, eine oder mehrere Blüten von Rhododendren, Hortensien oder Weihnachtssternen dekorativ darin arrangieren.

Atmosphäre durch Kerzen
Bunte Kerzen, passend zur Tischdecke oder zum Geschirr, sollten Sie immer im Haus haben. Auch bunte Teelichter, die Sie auf einer Spiegelkachel oder einer farbigen Papierserviette arrangieren, sehen sehr hübsch aus.

Tischdekoration mit Pfiff
Mit verschiedenen Materialien aus dem Bastelladen, wie bunten Federn, Trockenblumen, Glasperlen oder Metallsternchen, die Sie einfach nur auf die Tischdecke streuen, geben Sie Ihrem gedeckten Tisch das gewisse Etwas. Auch kleine Muscheln sehen reizvoll aus.

Bänder und Schleifen
Mit farbigen Bändern oder Schleifen, passend zum Geschirr und zur Tischwäsche, bekommt Ihr perfekt gedeckter Tisch eine verspielte Note. Die Bänder längs oder quer auf den Tisch legen. Die Schleifen je nach Platz dekorativ auf dem Tisch verteilen oder an den Tischecken an der Tischdecke befestigen.

Garmethoden, die Zeit sparen helfen

Die schnelle Welle

Wer eine Mikrowelle hat, sollte sie auch nutzen, denn sie ist jederzeit ohne Vorheizzeit einsatzbereit (beachten Sie jedoch immer die Gebrauchsanleitung des Herstellers). Zum raschen Auftauen von Tiefkühlprodukten, zum schonenden Aufwärmen von bereits Vorgekochtem ist sie geradezu ideal (Zeiten siehe Seite 114/115). Blitzschnell ist mit ihrer Hilfe auch Schokolade geschmolzen oder Gelatine aufgelöst.
Alle Zutaten oder Gerichte können im mikrowellengeeigneten Serviergeschirr ins Gerät gestellt und darin serviert werden. Sowohl im Sologerät als auch im Kombinationsgerät lassen sich wohlschmeckende Gerichte zubereiten. In diesem Buch sind solche Rezepte mit dem Hinweis »Mit Mikrowelle« gekennzeichnet.

Auftauen
Zum Garen und Auftauen braucht man eine hohe Leistung. 300 g Gemüse sind bei 600 Watt in 10–12 Minuten gar. Bei 90–180 Watt tauen Speisen auf, die weiterverarbeitet werden.
Bei Fleisch und Fisch dünne Teile mit Alufolie abdecken, diese nach der Hälfte der Auftauzeit entfernen.

Der Schnellkochtopf bietet viele Vorteile

Zeit- und Energieersparnis sind zwei der drei Vorteile des »Wundertopfes«. Dazu kommt, daß sich Gemüse vitaminschonend garen läßt und der natürliche Eigengeschmack der Zutaten erhalten bleibt. Das Geheimnis des Topfes liegt im Deckel mit seinem Dichtungsring und dem hitzeregulierenden Ventil. Nur wenn der Topf fest verschlossen ist, entstehen aus der Kochflüssigkeit Dampf und ein leichter Überdruck. So lassen sich Kartoffeln, Gemüse, Fleisch und Suppen schonend zubereiten.
Wichtig: Beim Gebrauch des Topfes bitte immer die Angaben des Herstellers beachten.

Darauf kommt es an
Nach jedem Kochen sollten Sie den Dichtungsring aus Gummi reinigen. Damit er nicht brüchig wird, können Sie ihn von Zeit zu Zeit mit Speiseöl einreiben. Den Topfrand möglichst nicht beschädigen, weil sonst der Deckel nicht mehr richtig schließt. Mehrere Zutaten gleichzeitig garen ist eher umständlich.

Kurzgebratenes aus der Pfanne

Für portionierte Fleisch- oder Fischstücke, Eier-, Nudel- und Kartoffelgerichte ist die Pfanne einfach ideal. Aber: Die Richtige muß es sein. Eine optimale Pfanne hat einen ebenen geschliffenen Boden, damit sie gleichmäßig auf der Kochstelle aufliegen kann, was besonders wichtig bei Kochfeldern ist. Der Pfannenboden sollte so groß wie die Herdplatte sein. Außerdem sollte der Griff bequem in der Hand liegen und hitzebeständig sein, so daß darin auch einmal etwas im Backofen überbacken werden kann. Auch manche Spezialpfannen, wie beispielsweise beschichtete, können gute Dienste leisten. Zur Grundausstattung sollten zwei bis drei Pfannen unterschiedlicher Größe, eventuell auch mit Deckel, gehören.

Mit oder ohne Panade braten
Panierte oder naturell gelassene Fleischstücke bei starker Hitze kurz von beiden Seiten anbraten und bei schwächerer Hitze unter mehrfachem Wenden fertiggaren. Naturell Gebratenes erst nach dem Braten salzen und pfeffern.

Ein gut ausgestatteter Backofen lohnt sich

Backöfen, die neben Ober- und Unterhitze zusätzlich noch Umluft, Grill und/oder Mikrowelle haben, bieten vielseitige Einsatzmöglichkeiten. Mit dem integrierten Grill läßt sich überbacken, grillen oder auf dem Rost ohne Fett garen, mit der Mikrowelle schnell auftauen, schonend erwärmen oder blitzschnell garen. Wer eine eingebaute Zeitautomatik hat, sollte sie öfters nutzen. Durch Programmieren der Zeit können vorbereitete Braten, Aufläufe oder Kuchen garen, während Sie noch außer Haus sind. Oder: Während der Garzeit können Sie die Vorspeisen und das Dessert zubereiten, eventuell noch den Tisch decken.

Grillen, gratinieren und überbacken
Fleisch, Fisch und Geflügel können auf dem Rost gegrillt werden. Aufläufe werden mit Käse oder Butterflöckchen bestreut und gratiniert. Suppen, belegte Toasts oder Desserts können problemlos überbacken werden. Brot und Brötchen lassen sich prima aufbacken.

Schmelzen und Auflösen
Schokolade, Butter oder eingeweichte Gelatine in ein mikrowellengeeignetes Gefäß geben. 100 g Schokolade schmilzt bei 360 Watt in 3–4 Minuten und 250 g Butter bei 600 Watt in $^1/_2$–1 Minute. 6 Blatt Gelatine lösen sich bei 600 Watt in 5–10 Sekunden auf.

Erwärmen
Gemüse vorher mit Wasser befeuchten, Fleisch und Fisch mit Sauce übergießen und abdecken. So verteilt sich die Wärme gleichmäßig, die Gerichte trocknen nicht aus und das Gerät bleibt sauber. Zum Abdecken eignen sich Pergamentpapier, spezielle Abdeckhauben, Teller oder Mikrowellenfolie.

Richtig vorbereiten
Füllen Sie Flüssigkeit nur bis höchstens zwei Drittel der Topfhöhe ein. Öffnen Sie den Topf nicht mit Gewalt! Lassen Sie den Topf erst abkühlen, bis sich das Ventil gesenkt hat. Treten während des Kochens Wassertröpfchen am Deckelrand aus, könnte der Dichtungsring defekt sein.

Fleisch anbraten
Damit Fleisch schön braun wird, sollten Sie es wie gewohnt kräftig anbraten. Wenn es dabei am Boden festklebt, legen Sie den Deckel kurz auf den Topf und ziehen diesen von der Kochstelle. Dadurch entsteht Feuchtigkeit im Topf, die das Fleisch wieder löst.

Käse schmelzen
Gebratenes Fleisch wie Schnitzel, Kotelett oder Putenschnitzel läßt sich gut mit Käse kombinieren. Dafür kurz vor dem Ende der Garzeit geriebenen oder in dünne Streifen geschnittenen Käse auf das Fleisch geben und zugedeckt in 2–3 Minuten bei schwacher Hitze schmelzen lassen.

Tiefgefrorenes Hackfleisch anbraten
Das tiefgefrorene Fleisch in heißem Öl unter mehrfachem Wenden anbraten, dabei gegarte Fleischpartien immer wieder lösen und krümelig braten. Dann je nach Geschmack würzen.

Vorheizen verkürzt die Garzeit
Durch Vorheizen läßt sich die Brat- und Backzeit um 10–15 Minuten verkürzen. Außerdem schließt Fleisch sofort die Poren, bleibt zart und saftig, wenn es in den heißen Ofen gestellt wird.

Zeitautomatik
Größere Braten, süße und pikante Aufläufe lassen sich gut vorbereiten. Nutzen Sie, wenn vorhanden, die Zeitautomatik, indem Sie das vorbereitete Gericht in den kalten Backofen geben und die gewünschte Zeit einstellen. Während Sie Besorgungen machen oder andere Dinge erledigen, gart das Gericht.

Feine Vorspeisen und köstliche Snacks

Mit einer raffinierten Kleinigkeit vorweg, phantasievoll angerichtet, können Sie sich auf ein schönes Menü einstimmen. Aus wenigen Zutaten, die Sie entweder vorrätig haben oder erst frisch besorgen, lassen sich verlockende, warme oder kalte Vorspeisen zubereiten. Ob Sie sich nun mit sahnig-schaumigen Suppen, frischen, fruchtigen Salaten, einem Teller mit Räucherfisch oder mit etwas Gefülltem einstimmen, spielt keine Rolle. Hauptsache, das »Entrée« wird hübsch garniert serviert. In diesem Kapitel ist bestimmt für jeden Geschmack etwas dabei.
Wer statt einer üppigen Mahlzeit lieber einen kleinen Imbiß mag, kommt in diesem Kapitel ebenfalls auf seine Kosten. Probieren Sie einmal Kartoffelpuffer mit Schinken (Rezept Seite 20), Gebackenen Camembert (Rezept Seite 21) oder zur Abwechslung mal die auf dieser Seite abgebildete Käsecreme mit »Schuß« (Rezept Seite 21) – Sie werden einfach begeistert sein.

Cremige Suppen aus wenigen Zutaten

Für den kleinen Hunger oder als Auftakt eines Menüs

Käsesuppe ✓

im Bild links

Zutaten für 4 Personen:
40 g Butter · 40 g Mehl
3/4 l kräftige Fleischbrühe
200 g Sahne · 200 g geriebener Emmentaler · Salz · weißer Pfeffer, frisch gemahlen
Muskatnuß, frisch gerieben
3 Eßl. Worcestersauce
2 Eßl. Zitronensaft

Blitzrezept • Preiswert

Pro Portion etwa:
1900 kJ/450 kcal
Zubereitungszeit: 20 Minuten

Die Butter schmelzen lassen und das Mehl darin bei schwacher Hitze anschwitzen. Mit der Brühe bei mittlerer Hitze unter Rühren etwa 5 Minuten köcheln lassen. • Die Sahne unterrühren und erhitzen. • Den Käse einstreuen und unter Rühren schmelzen lassen. Mit Salz, Pfeffer, Muskat, der Worcestersauce und dem Zitronensaft würzen.

Artischockensuppe ✓

im Bild rechts

Zutaten für 4 Personen:
480 g Artischockenherzen aus der Dose · 3 Schalotten
1 Eßl. Butter · 1/4 l Rinderbrühe
200 g Sahne · 3 Eßl. trockener Sherry · 1 Spritzer Zitronensaft
Salz · weißer Pfeffer, frisch gemahlen · 1 Eßl. tiefgefrorene Petersilie

Blitzrezept

Pro Portion etwa:
1100 kJ/260 kcal
Zubereitungszeit: 15 Minuten

Die Artischockenherzen abtropfen lassen und 2 Stück beiseite stellen. • Die Schalotten schälen und fein hacken. Die Butter schmelzen lassen und die Schalotten darin bei schwacher Hitze glasig braten. Mit den Artischockenherzen, der Brühe und der Sahne pürieren. • Einmal aufkochen und mit dem Sherry, dem Zitronensaft, Salz und Pfeffer würzen. • Die restlichen Artischockenherzen in Streifen schneiden und in der Suppe erwärmen. Mit der Petersilie garnieren.

Tomatensuppe mit Portwein

im Bild hinten

Zutaten für 4 Personen:
250 g Zwiebeln · 1 Eßl. Butter
1 Päckchen tiefgefrorenes Suppengrün (etwa 50 g) · 2 Lorbeerblätter · 1 Teel. weiße Pfefferkörner · 2 Dosen geschälte Tomaten · 1 Eßl. Mehl · 250 g Crème fraîche · 1/8 l weißer Portwein · Salz · schwarzer Pfeffer, frisch gemahlen · 1 Päckchen tiefgefrorene Petersilie

Preiswert

Pro Portion etwa:
1600 kJ/380 kcal
Zubereitungszeit: 45 Minuten

Die Zwiebeln schälen und würfeln. Die Butter erhitzen, die Zwiebeln darin glasig braten. Das Suppengrün darin andünsten. • Die Lorbeerblätter, die Pfefferkörner und die Tomaten mit dem Saft hinzufügen und bei schwacher Hitze 15–20 Minuten köcheln lassen. • Das Mehl mit der Crème fraîche verrühren. Die Suppe durch ein Sieb in einen Topf passieren, mit der Crème fraîche verrühren, einmal aufkochen lassen. • Den Portwein unterrühren, nochmals erhitzen und mit Salz, Pfeffer und der Petersilie würzen.

Mein Tip: Sie können die Suppe mit Croûtons, die es in verschiedenen Geschmacksrichtungen zu kaufen gibt, servieren.

Mit frischen Pilzen und zarter Hühnerbrust

Zum Verwöhnen und Genießen

Pfifferlingsuppe ✓

im Bild links

Zutaten für 4 Personen:
1/2 Bund Petersilie · 300 g Pfifferlinge · 3 Schalotten
1 Eßl. Butter · 3/4 l Fleischbrühe · 200 g Sahne · Salz
weißer Pfeffer, frisch gemahlen
Thymian

Blitzrezept • Anspruchsvoll

Pro Portion etwa:
830 kJ/200 kcal
Zubereitungszeit: 20 Minuten

Die Petersilie waschen, trockenschütteln und fein hacken. • Die Pfifferlinge putzen, waschen und abtropfen lassen. Die Schalotten schälen und fein hacken. Die Butter erhitzen und die Schalotten darin glasig dünsten. • Die Pfifferlinge dazugeben und ebenfalls unter Rühren dünsten. Die Pilze mit der Brühe und der Sahne ablöschen. Einige Pfifferlinge zum Garnieren herausnehmen und alles einmal aufkochen lassen. • Mit dem Pürierstab pürieren. Die Suppe mit Salz, Pfeffer, der Petersilie und Thymian würzen und mit den Pfifferlingen garnieren.

Variante: Preiswerter wird die Suppe, wenn Sie statt Pfifferlingen 400 g Champignons, frisch oder tiefgefroren, verwenden. Die tiefgefrorenen sollten Sie so lange dünsten, bis die Hälfte der Flüssigkeit verdampft ist, bevor Sie die Sahne hinzufügen. Mit einem Sahnehäubchen und frisch gehackter Petersilie sieht die Suppe besonders appetitlich aus.

Geflügel-Curry-Suppe

im Bild rechts

Zutaten für 4 Personen:
150 g Frühlingszwiebeln
250 g Putenbrust · Salz
weißer Pfeffer, frisch gemahlen
40 g Butterschmalz · 1 gehäufter Eßl. Mehl · 2 Eßl. mildes Currypulver · 625 ml Geflügelbrühe · 200 g Sahne · Saft von 1/2 Zitrone · 2 Eßl. Worcestersauce · 2 Stengel glatte Petersilie oder Zitronenmelisse

Preiswert

Pro Portion etwa:
1100 kJ/260 kcal
Zubereitungszeit: 40 Minuten

Die Frühlingszwiebeln putzen und in feine Ringe schneiden. Das Fleisch in sehr feine Streifen schneiden und mit Salz und Pfeffer würzen. • Das Butterschmalz in einem Topf erhitzen und das Fleisch darin rundherum braun anbraten. Die Frühlingszwiebeln hinzufügen und dünsten. • Das Mehl über das Fleisch-Zwiebelgemisch stäuben und anschwitzen lassen. Das Currypulver untermischen und mit der Brühe und der Sahne ablöschen. • Die Suppe bei schwacher Hitze 8–10 Minuten köcheln lassen. Mit Salz, Pfeffer, dem Zitronensaft, der Worcestersauce und eventuell noch mit Currypulver würzen. • Die Petersilie oder die Zitronenmelisse waschen, trockentupfen, die Blättchen von den Stielen zupfen und die Suppe damit garnieren.

Varianten: Etwas lieblich schmeckt die Suppe, wenn Sie am Ende der Garzeit 2 Eßlöffel Ahornsirup hinzufügen.
Die Putenbrust können Sie auch gegen die gleiche Menge Hähnchenbrustfilet austauschen.

Gemüsecremesuppen

Dazu schmeckt Stangenbrot oder Vollkornbrötchen

Selleriecremesuppe ✓

im Bild links

Zutaten für 4–6 Personen:
1 große Zwiebel
500 g Knollensellerie · 1 Eßl. Butter · 1/2 l Hühnerbrühe
4 dünne Scheiben Lachsschinken · 125 g Crème double · Salz
weißer Pfeffer, frisch gemahlen
einige Blättchen glatte Petersilie zum Garnieren

Blitzrezept • Preiswert

Bei 6 Personen pro Portion etwa:
160 kJ/38 kcal
Zubereitungszeit: 30 Minuten

Die Zwiebel schälen und fein hacken. Den Sellerie schälen und grob würfeln. Die Butter in einem Topf erhitzen und die Zwiebel darin bei mittlerer Hitze glasig dünsten. • Die Selleriewürfel mit 1/4 l Hühnerbrühe zu den Zwiebeln geben. Bei schwacher Hitze in 8–10 Minuten garen. • Inzwischen den Lachsschinken in dünne Streifen schneiden. • Die restliche Brühe zum Sellerie geben und alles mit dem Pürierstab fein pürieren. Die Crème double mit einem Schneebesen unterrühren. Mit Salz und Pfeffer würzen. Die Suppe sofort in Suppentassen füllen und mit den Schinkenstreifen und den Petersilieblättchen garniert servieren.

Variante: Deftiger schmeckt die Suppe, wenn Sie den Lachsschinken durch kleingewürfelte Cabanossi ersetzen. Sie können auch den Sellerie vor dem Garen in sehr kleine Würfel schneiden. Bevor Sie das Gemüse pürieren, eine kleine Schaumkelle voll Selleriewürfel herausnehmen, beiseite stellen und als Einlage kurz vor dem Servieren in der Cremesuppe erwärmen.

Rote-Bete-Suppe

im Bild rechts

Zutaten für 4 Personen:
2 Schalotten · 1 Eßl. Butter
300 g rote Beten · 1/2 l Fleischbrühe · 125 g Crème double
Salz · weißer Pfeffer, frisch gemahlen · Muskatnuß, frisch gerieben · 1 gehäufter Eßl. tiefgefrorener Schnittlauch

Mit Mikrowelle

Pro Portion etwa:
770 kJ/180 kcal
Zubereitungszeit:
40–50 Minuten

Die Schalotten schälen, fein hacken und mit der Butter in ein großes mikrowellengeeignetes Gefäß mit Deckel geben. Offen bei Mikrowellenleistung 600 Watt in 2–4 Minuten glasig dünsten. • Die roten Beten schälen, in Stücke schneiden und mit 175 ml Brühe zu den Schalotten geben. Zugedeckt bei Mikrowellenleistung 600 Watt in 20–25 Minuten garen. • Die restliche Brühe und 100 g Crème double zu den roten Beten geben und mit dem Pürierstab pürieren. Die Suppe zugedeckt bei Mikrowellenleistung 600 Watt 3–5 Minuten erwärmen. • Mit Salz, Pfeffer und Muskat würzen. Die Suppe mit dem Pürierstab nochmals aufschlagen, in Suppentassen füllen und mit der restlichen Crème double und den Schnittlauchröllchen servieren.

Konventionelle Zubereitung: 1 1/2 l Wasser mit Salz zum Kochen bringen. Die roten Beten waschen und in dem kochenden Wasser in 60–80 Minuten garen. Die Knollen herausnehmen, kalt abschrecken, schälen und in Stücke schneiden. Die Schalotten in der Butter glasig dünsten. Die roten Beten und die Brühe dazugeben und aufkochen. Die Crème double unterrühren. Mit Salz, Pfeffer und Muskat würzen.

Cremige Suppen mit viel Gemüse

Sahne oder Crème double unterstreichen den Geschmack

Zucchini-Käse-Suppe

im Bild links

Zutaten für 4 Personen:
500 g Zucchini · 2 Eßl. Butter
1/2 Bund Basilikum
100 g mittelalter Gouda
1/2 l Hühnerbrühe · 200 g Sahne
Salz · weißer Pfeffer, frisch gemahlen · Muskatnuß, frisch gerieben

Blitzrezept • Preiswert

Pro Portion etwa:
1300 kJ/310 kcal
Zubereitungszeit: 30 Minuten

Die Zucchini waschen, von den Stiel- und Blütenansätzen befreien und grob raspeln. Die Butter in einem Topf erhitzen und die Zucchiniraspel darin dünsten. • Das Basilikum waschen, trockenschütteln, die Blättchen von den Stielen zupfen und fein hacken. Einige Blättchen zum Garnieren beiseite stellen. Den Käse reiben. • Von den Zucchini etwa 4 Eßlöffel abnehmen, je 1 Löffel in die Suppentassen geben und warm stellen. • Die restlichen Zucchiniraspel mit der Brühe und der Sahne pürieren und einmal aufkochen lassen. Den Käse in der Suppe schmelzen lassen. • Die Suppe mit Salz, Pfeffer, Muskat und dem gehackten Basilikum würzen. In die Suppentassen mit den Zucchiniraspeln füllen und mit den Basilikumblättchen garniert servieren.

Paprikacremesuppe

im Bild rechts

Zutaten für 4 Personen:
120 g Frühlingszwiebeln
400 g rote Paprikaschoten
1 Eßl. Olivenöl
3/4 l Fleischbrühe
125 g Crème double
100 g eiskalte Butter · Salz
weißer Pfeffer, frisch gemahlen

Raffiniert · Gelingt leicht

Pro Portion etwa:
1600 kJ/380 kcal
Zubereitungszeit:
40–50 Minuten

Die Frühlingszwiebeln in feine Ringe schneiden.
Die Paprikaschoten waschen, halbieren, von den Kernen und den weißen Trennwänden befreien und in mittelgroße Stücke schneiden. • Das Öl in einem Topf erhitzen und die Zwiebeln darin dünsten. Etwa 2 Eßlöffel Zwiebeln abnehmen und beiseite stellen. Die Paprikastücke in den Topf geben und ebenfalls andünsten. Die Brühe dazugießen und bei mittlerer Hitze 20–25 Minuten köcheln lassen. • Die Suppe vom Herd nehmen und das Gemüse mit dem Pürierstab pürieren. Die Crème double und die Butter ebenfalls mit dem Pürierstab unterschlagen, bis die Suppe cremig und schaumig ist. Mit Salz und Pfeffer würzen. Die Suppe in Suppentassen mit den restlichen Frühlingszwiebeln garniert servieren.

Mikrowellentips: Sie können die Suppe auch in der Mikrowelle zubereiten. Die Zwiebeln mit dem Öl in einem mikrowellen geeigneten Gefäß zugedeckt bei Mikrowellenleistung 600 Watt 2–3 Minuten dünsten. Die Paprikastücke hinzufügen und mit 1/8 l Brühe in 10–12 Minuten garen. Die restliche Brühe in einem Topf erhitzen, das Gemüse darin pürieren und die Suppe wie oben beschrieben zubereiten. Bei 600 Watt 2–3 Minuten erwärmen und mit dem Pürierstab nochmals aufschlagen.

Kartoffelcremesuppe

Diese Zutaten sind immer im Haus

Zutaten für 4 Personen:
250 g Kartoffeln
400 ml Hühnerbrühe
1 Schalotte (ersatzweise
1 kleine Zwiebel)
60 g eiskalte Butter
200 g Sahne · Salz
weißer Pfeffer, frisch gemahlen
Muskatnuß, frisch gerieben
1 Päckchen tiefgefrorener
Schnittlauch

Preiswert

Pro Portion etwa:
1300 kJ/310 kcal
Zubereitungszeit: 40 Minuten

Die Kartoffeln schälen, waschen und in etwa 1 cm große Würfel schneiden. Mit der Brühe in einen Topf geben und darin bei mittlerer Hitze in etwa 20 Minuten garen. • Die Schalotte schälen und würfeln. Die Butter erhitzen und die Schalotte darin glasig dünsten. • Von den Kartoffeln etwa 4 Eßlöffel abnehmen und beiseite stellen. Die restlichen Kartoffeln mit der Brühe und den Zwiebeln pürieren, dabei nach und nach die Sahne dazugießen. Die Suppe erhitzen, aber nicht mehr kochen lassen. • Die restliche Butter zur Suppe geben und mit dem Pürierstab schaumig aufschlagen. • Die Kartoffelwürfel in die Suppe geben. Mit Salz, Pfeffer, Muskat und dem Schnittlauch würzen.

Variante: Sättigender wird die Suppe mit kleingeschnittenen Würstchen oder durchwachsenen Speck. Statt Zwiebel können Sie 100 g gedünstete Lauchringe hinzufügen. Besonders cremig wird die Suppe, wenn Sie 150 g geraspelte Zucchini mitgaren und pürieren.

Mikrowellentip: Die Kartoffeln können Sie mit 100 ml Brühe in einem mikrowellengeeigneten Gefäß zugedeckt bei Mikrowellenleistung 600 Watt in 6–8 Minuten garen. Mit der restlichen Brühe und den Zwiebeln pürieren und wie beschrieben weiterverarbeiten.

Kalte Suppen

Mit viel Joghurt erfrischend und bekömmlich

Avocadokaltschale

im Bild links

Zutaten für 4 Personen:
3 vollreife Avocados · Saft von ½ Zitrone · 300 g Joghurt (3,5% Fett) · ½ l kalte Hühnerbrühe · 100 g Schalotten
Salz · weißer Pfeffer, frisch gemahlen · ¼ Kästchen Kresse

Raffiniert

Pro Portion etwa:
1400 kJ/330 kcal
Zubereitungszeit: 20 Minuten
Kühlzeit: 30 Minuten

2 Avocados schälen, halbieren und den Kern herauslösen. • Etwa 1 Eßlöffel Zitronensaft zurückbehalten und mit dem Rest sofort das Fruchtfleisch beträufeln. Das Fruchtfleisch mit dem Pürierstab pürieren. Nach und nach den Joghurt und die Hühnerbrühe hinzufügen und verschlagen. • Die Schalotten schälen, sehr fein hacken und mit der Avocadokaltschale mischen. Die Kaltschale mit Salz und Pfeffer würzen und abgedeckt etwa 30 Minuten im Kühlschrank erkalten lassen. • Vor dem Servieren die restliche Avocado schälen, halbieren, vom Kern befreien und das Fruchtfleisch der Länge nach in Streifen schneiden, würfeln und sofort mit dem restlichen Zitronensaft beträufeln. • Die Kaltschale in Suppentassen anrichten, mit den Avocadostücken und der Kresse garnieren und servieren.

Meine Tips: Diese Kaltschale können Sie sehr gut als leichten Snack am Mittag reichen oder als Vorspeise zu Gegrilltem vom Holzkohlegrill.
Statt Joghurt können Sie die gleiche Menge Kefir verwenden.

Gurkenkaltschale

im Bild rechts

Zutaten für 4 Personen:
1 kleine Gurke · 1 Bund Petersilie · 1 Bund Dill (oder 1 Päckchen tiefgefrorener)
Salz · 2 Eßl. Olivenöl
500 g Joghurt (3,5% Fett)
1 Knoblauchzehe · weißer Pfeffer, frisch gemahlen
1 Eßl. gehackte, ungesalzene Pistazienkerne

Preiswert

Pro Portion etwa:
640 kJ/150 kcal
Zubereitungszeit: 20 Minuten
Kühlzeit: 30 Minuten

Die Gurke schälen, der Länge nach halbieren und die Kerne mit einem Löffel herausschaben. Das Fruchtfleisch in Würfel schneiden, salzen und beiseite stellen. • Die Petersilie und den Dill waschen und gut abtropfen lassen. Die Petersilienblättchen und den Dill von den Stielen zupfen und fein hacken, dabei einige Dillzweige zum Garnieren beiseite legen. • Die Gurkenwürfel ausdrücken und in einer Schüssel mit den Kräutern, dem Olivenöl und dem Joghurt mischen. • Die Knoblauchzehe schälen und durch die Presse zu den Gurken drücken. Mit Salz und Pfeffer würzen und zugedeckt etwa 30 Minuten im Kühlschrank kalt stellen. • Die Kaltschale in Suppentassen füllen und mit den Dillzweigen und den Pistazien garniert servieren.

Mein Tip: Diese erfrischende Kaltschale schmeckt im Sommer am besten. Als Hauptgericht passen sehr gut gebratene oder gegrillte Lammkoteletts und Stangenweißbrot dazu.

Kartoffelpuffer – raffiniert belegt

Für den kleinen Hunger einfach ideal

Kartoffelpuffer mit Schinken

im Bild links

Zutaten für 4 Personen:
2 Eier · 4 tiefgefrorene Kartoffelpuffer · 1 Bund Petersilie (oder 1 Päckchen tiefgefrorene) · 4 Scheiben gekochter Schinken · 4 Eßl. saure Sahne
1 Teel. mittelscharfer Senf
2 Teel. Tomatenketchup
4 Eßl. geriebener Emmentaler
Für das Blech: Backpapier

Blitzrezept • Gelingt leicht

Pro Portion etwa:
1800 kJ/430 kcal
Zubereitungszeit: 30 Minuten

Die Eier in etwa 10 Minuten hart kochen. • Inzwischen das Backblech mit Backpapier auslegen. Die Kartoffelpuffer darauf legen und nach Angaben des Herstellers im Backofen zubereiten. • Die Petersilie waschen, trockenschütteln, die Blättchen von den Stielen zupfen, dabei einige Blättchen zum Garnieren beiseite stellen und die restliche Petersilie fein hacken. • Von den Schinkenscheiben den Fettrand entfernen. Den Schinken fein würfeln. • Die Eier abschrecken, pellen und fein würfeln. • Die saure Sahne mit dem Senf und dem Ketchup verrühren. Mit der Petersilie, den Schinken- und den Eierwürfeln mischen. Die Sahne-Schinkencreme auf den aufgebackenen Kartoffelpuffern verteilen, mit dem Käse bestreuen und im Backofengrill (Mitte) 3–5 Minuten überbacken.

Mein Tip: Besonders gut schmecken selbstgebackene Kartoffelpuffer. Die brauchen Sie vorher zwar nicht aufzubacken, dafür müssen die Kartoffeln zuerst gerieben werden. Mit der Küchenmaschine ist dies kein Problem. Wer jedoch per Hand reiben muß, sollte auf tiefgefrorene Puffer zurückgreifen. Bei frischen Puffern können Sie die Sahne-Schinkenmasse auf dem Teig verteilen und backen.

Kartoffelpuffer mit Tomaten

im Bild rechts

Zutaten für 4 Personen:
4 tiefgefrorene Kartoffelpuffer
2 mittelgroße Tomaten
Salz · weißer Pfeffer frisch gemahlen · 1/2 Bund Basilikum
150 g Mozzarella
Für das Blech: Backpapier

Preiswert • Blitzrezept

Pro Portion etwa:
1700 kJ/400 kcal
Zubereitungszeit: 20 Minuten

Das Backblech mit Backpapier auslegen. Die Kartoffelpuffer darauf legen und nach Angaben des Herstellers im Backofen zubereiten. • Die Tomaten waschen, von den Blütenansätzen befreien und in Scheiben schneiden. Die Puffer mit den Tomatenscheiben belegen. Mit Salz und Pfeffer würzen. • Das Basilikum waschen, trockenschütteln, die Blättchen von den Stielen zupfen und einige Blättchen zum Garnieren beiseite stellen. Die restlichen Blättchen in Streifen schneiden und auf die Tomaten streuen. • Den Mozzarella abtropfen lassen und in etwa 8 dünne Scheiben schneiden. Je 2 Scheiben Mozzarella auf die Tomaten legen. • Die Kartoffelpuffer im Backofengrill (Mitte) 3–5 Minuten überbacken.

Varianten: Je nach Geschmack können Sie noch schwarze Oliven entkernen, in feine Streifen schneiden und über die Tomaten streuen, bevor Sie den Käse darauf legen. Statt Mozzarella können Sie auch 4 Eßlöffel frisch geriebenen mittelalten Gouda über die Tomaten streuen.

Käsesnacks – gebacken oder zum Dippen

Mit Salat und Brot ein Genuß

Gebackener Camembert

im Bild links

Zutaten für 4 Personen:
1 Ei · 4 halbe Camemberts
50 g Mandelblättchen
50 g Butterschmalz
4 Birnenhälften (aus der Dose oder geschälte und entkernte frische) · 2 Eßl. Preiselbeerkonfitüre · 4 Scheiben Toastbrot
Butter zum Bestreichen

Blitzrezept • Gelingt leicht

Pro Portion etwa:
2000 kJ/480 kcal
Zubereitungszeit: 20 Minuten

Das Ei aufschlagen und verquirlen. Die Camemberts erst in dem Ei, dann in den Mandelblättchen wenden und diese etwas andrücken. • Das Butterschmalz in einer Pfanne erhitzen. Die Camemberts darin 4–5 Minuten goldbraun braten, wenden und die andere Seite ebenfalls braten. • Inzwischen die Birnenhälften abtropfen lassen und mit der Preiselbeerkonfitüre füllen. Das Brot toasten und mit Butter bestreichen. Die Camemberts mit den gefüllten Birnen und dem Toast servieren.

Variante: Statt mit Mandelblättchen können Sie auch mit Semmelbröseln panieren. Dafür 1 Teelöffel edelsüßes Paprikapulver mit 1 Eßlöffel Mehl mischen und den Käse darin wenden. Dann in dem verquirlten Ei und in 2 Eßlöffeln Semmelbröseln wenden. Die Camemberts wie oben beschrieben braten und anrichten. Wer die gefüllte Birne nicht mag, kann auch einen Blattsalat dazu servieren.

Käsecreme mit »Schuß«

im Bild rechts

Zutaten für 4 Personen:
150 g milder Edelpilzkäse
150 g Frischkäse · 50–80 ml Milch · 2 Eßl. Kirschwasser oder Birnendicksaft · weißer Pfeffer, frisch gemahlen · 50 g Walnußkerne · 1 Bund Radieschen
1 kleine Gurke · 200 g Staudensellerie · 4 Tomaten

Blitzrezept • Für Ungeübte

Pro Portion etwa:
1000 kJ/240 kcal
Zubereitungszeit: 15 Minuten

Den Edelpilzkäse, den Frischkäse und die Milch mit dem Pürierstab verrühren. Nur soviel Milch dazugeben, bis eine sahnige Creme entsteht. • Die Käsecreme mit dem Kirschwasser oder dem Birnendicksaft und Pfeffer abschmecken und in einer Schüssel anrichten. • 1 Eßlöffel Walnüsse grob hacken und über die Creme streuen. Die restlichen Nüsse getrennt dazu reichen. • Die Radieschen waschen und putzen. Die Gurke schälen und in etwa 1 cm breite Scheiben schneiden. Den Staudensellerie waschen, putzen und in Streifen schneiden. Die Tomaten waschen und ohne die Blütenansätze achteln. Das Gemüse auf einer Platte oder in Schälchen anrichten und zum Dippen zur Käsecreme servieren.

Varianten: Sie können die Käsecreme auch mit anderem Gemüse reichen, zum Beispiel mit Möhrenstiften, Zucchinischeiben oder Paprikawürfeln. Wer gerne Obst mag, sollte es einmal mit in Spalten geschnittenen Birnen oder geschälten, halbierten frischen Feigen probieren. Sie können die Creme aber auch auf kleine runde Pumpernickelscheiben spritzen und mit einer Radieschenscheibe und etwas Petersilie verzieren.

Zuchtpilze, die sich sehen lassen können

Gebraten oder gefüllt

Austernpilze mit Kirschtomaten ✓

im Bild links

Zutaten für 4 Personen:
250 g Kirschtomaten
800 g Austernpilze
1 Eßl. Olivenöl · 1 Eßl. Butter
200 g Sahne · 1 Knoblauchzehe
Salz · weißer Pfeffer, frisch gemahlen · 1 Päckchen tiefgefrorene Kräuter italienische Art oder Schnittlauch

Blitzrezept • Gelingt leicht

Pro Portion etwa:
1100 kJ/260 kcal
Zubereitungszeit: 25 Minuten

Die Tomaten waschen und von den Stielansätzen befreien. • Die Austernpilze putzen (nicht waschen). Das Öl mit der Butter in einer Pfanne aufschäumen lassen. Die Pilze in zwei Portionen jeweils 2–3 Minuten stark anbraten. • Dann die erste Portion in die Pfanne dazugeben und mit der Sahne bei mittlerer Hitze 3–5 Minuten schmoren lassen. Inzwischen die Knoblauchzehe schälen und durch die Presse dazudrücken. • Die Tomaten in der Sauce erhitzen und alles mit Salz, Pfeffer und den Kräutern würzen. Mit Baguette servieren.

Meine Tips: Sehr gut schmeckt dieses Gericht auch als Beilage zu kurzgebratenem Fleisch wie Schnitzel oder Kotelett oder zum Rührei.
Wenn es besonders schnell gehen soll, achteln Sie die gleiche Menge größere Tomaten und entfernen dabei die Kerne.

Gefüllte Champignons

im Bild rechts

Zutaten für 4 Personen:
24 große Champignons
2 Eßl. Butter · 200 g Sahne
200 g mittelalter Gouda
1 Bund Schnittlauch · Salz
weißer Pfeffer, frisch gemahlen
1 Eßl. Zitronensaft

Preiswert

Pro Portion etwa:
1600 kJ/380 kcal
Zubereitungszeit: 35 Minuten

Die Champignons putzen und die Stiele herausdrehen. Die Stiele in grobe Stücke schneiden. • Die Butter in einer Pfanne erhitzen und die Champignonköpfe darin bei mittlerer Hitze 3–4 Minuten schwenken, bis sie goldbraun sind. Mit einer Schaumkelle aus der Pfanne nehmen, dabei die Flüssigkeit, die sich in den Champignonköpfen gesammelt hat, in die Pfanne tropfen lassen. Die Champignons in eine hitzebeständige Auflaufform setzen. • Die Stiele in dem Bratfett der Champignonköpfe etwa 1 Minute bei mittlerer Hitze dünsten. Dann mit der Sahne 4–5 Minuten bei mittlerer Hitze köcheln lassen.
• Den Backofengrill vorheizen.
• Inzwischen den Käse reiben. Den Schnittlauch waschen, trockenschütteln, in Röllchen schneiden und mit dem Käse mischen.
• Sollte sich in der Form noch Flüssigkeit von den Champignonköpfen gebildet haben, diese noch zu den Champignonstielen geben. • Die Champignons mit dem Käse füllen und im Backofengrill (unten) 3–5 Minuten überbacken, bis der Käse geschmolzen ist. Die Stiele mit dem Pürierstab pürieren. Mit Salz, Pfeffer und dem Zitronensaft würzen. Die Sauce getrennt zu den Champignons reichen. Dazu schmecken gebackenes Stangenweißbrot und ein Blattsalat sehr gut.

Rührei – mit verschiedenen Zutaten kombiniert

Für zwischendurch oder zum ausgedehnten Frühstück

Mexikanisches Rührei

im Bild links

Zutaten für 4 Personen:
150 g Zwiebeln · je 1 rote, grüne und gelbe Paprikaschote
5 mittelgroße Tomaten
1 Peperoni · 2 Eßl. Butter
10 Eier · Salz · weißer Pfeffer, frisch gemahlen
Cayennepfeffer · Paprikapulver, edelsüß · 3 Stengel Petersilie

Blitzrezept • Gelingt leicht

Pro Portion etwa:
1300 kJ/310 kcal
Zubereitungszeit: 20 Minuten

Die Zwiebeln schälen und sehr fein hacken. Die Paprikaschoten halbieren, von den Kernen und den weißen Trennwänden befreien, waschen und sehr fein würfeln. Die Tomaten waschen, vom Blütenansatz befreien und sehr fein würfeln. Die Peperoni in sehr feine Ringe schneiden, dabei die Kerne entfernen. • Die Butter in einer Pfanne erhitzen und die Zwiebeln darin glasig dünsten. Das Gemüse unter Wenden darin bei mittlerer Hitze bißfest dünsten. Die Eier aufschlagen, verquirlen, zum Gemüse geben und alles miteinander verrühren. Mit Salz, Pfeffer, Cayennepfeffer und Paprikapulver würzen. Die Eier bei mittlerer Hitze stocken lassen, dabei das Rührei mit dem Pfannenmesser vom Pfannenboden lösen, bis die Masse krümelig ist. • Die Petersilie waschen, trockenschütteln, die Blättchen von den Stielen zupfen und das Rührei damit garnieren. Dazu paßt kerniges Vollkornbrot.

Rührei mit Schnittlauch

im Bild rechts

Zutaten für 4 Personen:
1 Bund Schnittlauch (oder 1 Päckchen tiefgefrorener)
10 Eier · Salz · weißer Pfeffer, frisch gemahlen
Muskatnuß, frisch gerieben
1/8 l kohlensäurehaltiges Mineralwasser · 75 g Sahne
2 Eßl. Butter

Blitzrezept • Preiswert

Pro Portion etwa:
1300 kJ/310 kcal
Zubereitungszeit: 15 Minuten

Den Schnittlauch waschen, trockenschütteln und in Röllchen schneiden. • Die Eier in eine Rührschüssel aufschlagen. Mit Salz, Pfeffer und Muskat würzen. Das Mineralwasser dazugießen. Alles mit den Schneebesen des Handrührgerätes aufschlagen. Die Sahne ebenfalls unterschlagen und den Schnittlauch untermischen. • Die Butter in einer Pfanne erhitzen und das Rührei hineingießen. Die Eier bei mittlerer Hitze zunächst etwas stocken lassen und erst dann die Masse mit einem Pfannenmesser von der Mitte aus langsam zum Rand ziehen. Wieder etwas stocken lassen und den Vorgang wiederholen, bis die Masse großflockig, weich und saftig ist.

Varianten: Sehr herzhaft schmeckt das Rührei, wenn Sie in der Pfanne erst 100 g sehr fein gewürfelten Schinken oder durchwachsenen Speck auslassen und dann das Rührei darin braten. Vor dem Servieren können Sie entweder 100 g geschälte Krabben aus der Dose abtropfen lassen und hinzufügen oder jede Portion mit 2 dünnen Lachsscheiben garnieren. Edel wird's, wenn Sie 250 g Pfifferlinge in Butter dünsten und zum Rührei servieren.

Raffinierte Gemüse-Snacks

Auberginen- und Tomatenfans kommen hier auf ihre Kosten

Knoblauch-Auberginen

im Bild links

Zutaten für 4 Personen:
- 1 Bund Petersilie
- 500 g Auberginen · 3 Eier
- 2 Knoblauchzehen
- 50 g Semmelbrösel, sehr fein gemahlen · Salz · weißer Pfeffer, frisch gemahlen
- 2 Eßl. geriebener Parmesan
- 150 ml Olivenöl · Saft von 1 Zitrone

Anspruchsvoll

Pro Portion etwa:
2100 kJ/500 kcal
Zubereitungszeit: 35 Minuten

Die Petersilie waschen, trokkentupfen und sehr fein hacken. • Die Auberginen waschen, vom Stielansatz befreien, schälen und der Länge nach in 2–3 mm dünne Scheiben schneiden. • Die Eier in eine große Schüssel aufschlagen und verquirlen. Die Auberginenscheiben darin etwa 5 Minuten marinieren. Den Backofen auf 50° vorheizen. • Inzwischen die Knoblauchzehen schälen, sehr fein hacken und mit den Semmelbröseln, Salz, Pfeffer und dem Parmesan mischen. Die marinierten Auberginenscheiben in den Semmelbröseln wenden. • Das Olivenöl in einer großen Pfanne erhitzen und die Auberginenscheiben darin bei mittlerer Hitze von beiden Seiten goldbraun braten. Die fertigen Auberginenscheiben auf Küchenpapier kurz abtropfen lassen und sofort servieren oder im Backofen warm halten. Den Zitronensaft getrennt dazu servieren.

Tomaten mit Schafkäsefüllung

im Bild rechts

Zutaten für 4 Personen:
- 4 große Fleischtomaten
- 200 g würziger Schafkäse · Salz
- weißer Pfeffer, frisch gemahlen
- 1 Päckchen tiefgefrorener Schnittlauch
- 150 g Crème fraîche

Gelingt leicht

Pro Portion etwa:
1300 kJ/310 kcal
Zubereitungszeit: 35 Minuten

Die Tomaten waschen, vom Blütenansatz befreien und von der gewölbten Seite einen Deckel abschneiden. Das Fruchtfleisch mit einem Löffel herauslösen, dabei die Kerne entfernen und das Fruchtfleisch in kleine Würfel schneiden. • Den Backofen auf 160–180° vorheizen (Gas: Stufe 2–2 1/2). • Den Schafkäse in kleine Würfel schneiden. Mit den Tomatenwürfeln, Salz, Pfeffer und dem Schnittlauch mischen. • Die Tomaten von innen mit wenig Salz und Pfeffer würzen. Die Tomaten mit der Käsemasse füllen und in eine Auflaufform setzen. Die Tomatendeckel auf die Füllung setzen und die Tomaten im Backofen (unten) in 15–20 Minuten backen. • Die Tomaten aus der Form nehmen und anrichten. Den Fond mit der Crème fraîche, Salz und Pfeffer verrühren und dazu servieren.

Variante: Statt Schafkäse können Sie auch 200 g Kräuterfrischkäse verwenden. Der tiefgefrorene Schnittlauch läßt sich durch 1 Bund frischen, in Röllchen geschnittenen Schnittlauch ersetzen. Statt den Tomaten können auch Zucchini verwendet werden.

Tatar mit pikaten Zutaten

Ein schnelles Abendessen für alle, die gerne Fleisch essen

Zutaten für 4 Personen:
500 g Tatar (Beefsteakhackfleisch) · 4 Eigelb · 2 kleine Zwiebeln · Salz · weißer Pfeffer, frisch gemahlen · Paprikapulver, edelsüß · 2 Eßl. mittelscharfer Senf · 2 Eßl. Tomatenketchup 2 Eßl. Kapern · 1 Eßl. grüne Pfefferkörner · 8 Cornichons 4 Sardellenfilets · 2 Stengel Petersilie

Blitzrezept · Für Ungeübte

Pro Portion etwa:
1100 kJ/260 kcal
Zubereitungszeit: 15 Minuten

Das Fleisch locker in die Mitte einer Platte geben. In die Mitte eine Mulde drücken.
• 1 Eigelb in die Mulde geben. Die restlichen Eigelbe in einem kleinen Schälchen getrennt dazu reichen. Die Zwiebeln schälen und sehr fein hacken. Rund um das Tatar kleine Häufchen aus Salz, Pfeffer, Paprikapulver, dem Senf, dem Tomatenketchup, den Zwiebeln, den Kapern, den Pfefferkörnern und den Cornichons verteilen. • Die Sardellenfilets waschen, trockentupfen und ebenfalls rund ums Fleisch geben. Die Petersilie waschen, trockenschütteln, die Blättchen von den Stengeln zupfen und das Tatar damit garnieren.

Mein Tip: Jeder, der mitißt, richtet sich seine Portion auf seinem Teller nach Belieben an. Dazu schmeckt ein kräftiges Misch- oder Vollkornbrot.

Varianten: Die Beilagen können Sie variieren. Gefüllte grüne Oliven, Mixed Pickles, rote Zwiebeln in Ringe geschnitten oder Tomatenstückchen schmecken auch gut dazu.
Kleine Tatarhappen können Sie aus angemachtem Tatar vorbereiten. Dafür 200 g Tatar nach Belieben anmachen. Schwarzbrot oder Toastbrotscheiben mit einem runden Ausstecher ausstechen oder (fertige) Pumpernickeltaler mit Butter bestreichen. Das Tatar darauf häufen und je mit 1/2 Olive oder Zwiebelringen garnieren.

Raffiniert belegte Brote

Sättigende Snacks für zwischendurch

Vollkornbrot mit Kräuterquark und Radieschen ✓

im Bild links

Zutaten für 4–6 Brote:
- 250 g Speisequark (20% Fett)
- 2 Eßl. Sahne · 1 Bund Schnittlauch (oder 1 Päckchen tiefgefrorener) · Salz · weißer Pfeffer, frisch gemahlen
- Paprikapulver, edelsüß
- 1 Bund Radieschen · 1 mittelgroße gelbe Paprikaschote
- 4–6 Scheiben Vollkornbrot
- Butter zum Bestreichen

Blitzrezept • Preiswert

Bei 6 Broten pro Brot etwa:
1100 kJ/260 kcal
Zubereitungszeit: 15 Minuten

Den Quark mit der Sahne glattrühren. • Den Schnittlauch waschen, trockenschütteln, in feine Röllchen schneiden und zum Quark geben. Mit Salz, Pfeffer und Paprikapulver würzen. • Die Radieschen waschen, putzen und in sehr feine Scheiben schneiden oder auf dem Gurkenhobel hobeln. Die Paprikaschote waschen, halbieren, von den Kernen und den weißen Trennwänden befreien und fein würfeln. • Die Brotscheiben erst dünn mit Butter, dann mit dem Kräuterquark dick bestreichen. Die Radieschen und die Paprikawürfel abwechselnd in schmalen Reihen darauf verteilen.

Varianten: Wenn Sie statt Schnittlauch 1 Päckchen tiefgefrorene Salatkräuter unter den Quark rühren, schmeckt er pikanter. Belegen Sie die Brote statt mit Paprikawürfeln und Radieschen mit Tomatenscheiben, Möhrenscheiben und halbierten Gurkenscheiben. Beim Belegen können Sie Ihrer Phantasie natürlich freien Lauf lassen.

Lachsschinken-Toast ✓

im Bild rechts

Zutaten für 4 Personen:
- 28 große eßfertige Backpflaumen ohne Stein
- 4 Scheiben Vollkorntoast
- 12 Scheiben Lachsschinken
- etwas Butter
- 4 Scheiben würziger Butterkäse
- Für das Blech: Backpapier

Blitzrezept • Mit Mikrowelle

Pro Portion etwa:
1300 kJ/310 kcal
Zubereitungszeit: 15 Minuten

Die Backpflaumen in ein kleines mikrowellengeeignetes Gefäß mit Deckel geben. Knapp mit Wasser bedecken und zugedeckt bei Mikrowellenleistung 600 Watt 1–2 Minuten quellen lassen. Oder im Kochtopf mit etwas Wasser einmal aufkochen und bei schwacher Hitze etwa 2 Minuten köcheln lassen. • Das Brot goldgelb toasten. Den Backofen auf 200–220° (Gas: Stufe 2 1/2–3) vorheizen. • Die Backpflaumen auf Küchenpapier abtropfen lassen und trockentupfen. Je 1 Backpflaume in 1 Scheibe Lachsschinken einrollen. • Den Toast dünn mit Butter bestreichen. Je 3 Lachsschinkenröllchen diagonal auf den Toast legen. Auf jede Ecke des Toasts 1 Backpflaume legen. Die Schinkenröllchen mit dem Käse belegen. • Das Backblech mit Backpapier auslegen und die Toasts darauf setzen. Im Backofen (Mitte) in ewa 10 Minuten überbacken.

Varianten: Eine besondere Note bekommt der Toast, wenn Sie die Backpflaumen statt in Wasser in etwas Weißwein quellen lassen.
Statt Butterkäse schmecken entweder 125 g in Scheiben geschnittener Gorgonzola oder Camembert würziger.

Erfrischende Salate mit oder ohne Fleisch

Auch als leichte Beilage geeignet

Friséesalat mit Erdbeeren ✓

im Bild links

Zutaten für 4 Personen:
1 Kopf Friséesalat · 250 g Erdbeeren · 200 g Crème fraîche
Saft von 1 Zitrone
2–3 Eßl. Birnendicksaft oder Honig · Salz · weißer Pfeffer, frisch gemahlen

Blitzrezept • Gelingt leicht

Pro Portion etwa:
1000 kJ/240 kcal
Zubereitungszeit: 15 Minuten

Den Salat putzen, waschen und gut abtropfen lassen. Die Erdbeeren waschen, von den Stielen zupfen und je nach Größe halbieren oder vierteln. • Für das Dressing die Crème fraîche mit dem Zitronensaft, dem Birnendicksaft oder dem Honig, Salz und Pfeffer verschlagen. • Einige Erdbeeren beiseite stellen. Den Salat mit den restlichen Erdbeeren vorsichtig mischen und auf Teller verteilen. Das Dressing über den Salat ziehen. Mit den restlichen Erdbeeren garniert servieren.

Varianten: Je nach Jahreszeit und Belieben können Sie die Zutaten kombinieren. Den Friséesalat können Sie auch durch einen anderen grünen Blattsalat ersetzen, wie zum Beispiel Lollo rosso, Eichblatt- oder Kopfsalat. Statt Erdbeeren, die durch ihre rote Farbe sehr dekorativ sind, können Sie auch 2–3 Kiwis schälen, in Scheiben schneiden und zum Salat geben.

Selleriesalat mit Hähnchenbrust ✓

im Bild rechts

Zutaten für 4 Personen:
4 Hähnchenbrustfilets (je etwa 100 g) · 2 Eßl. Walnuß- oder Maiskeimöl · Salz · weißer Pfeffer, frisch gemahlen
400 g Staudensellerie
2 vollreife Birnen
150 g Joghurt (3,5% Fett)
3 Eßl. Ahornsirup oder Honig
2 Eßl. Sojasauce
3 Eßl. Zitronensaft

Blitzrezept • Raffiniert

Pro Portion etwa:
1000 kJ/240 kcal
Zubereitungszeit: 25 Minuten

Die Hähnchenbrustfilets kalt abspülen und trockentupfen. Das Öl in einer Pfanne erhitzen und die Fleischscheiben darin von jeder Seite in 3–4 Minuten goldbraun braten. Nach dem Wenden mit Salz und Pfeffer würzen. • Den Sellerie putzen und die Stangen in dünne Scheiben schneiden. Die Birnen schälen, vierteln, dabei das Kerngehäuse entfernen und das Fruchtfleisch in feine Stücke schneiden. • Für das Dressing den Joghurt mit dem Ahornsirup oder dem Honig, der Sojasauce und dem Zitronensaft verrühren. Mit Salz und Pfeffer würzen. • Die Selleriescheiben und die Birnenstückchen mit dem Joghurt-Dressing mischen. • Die Hähnchenbrustfilets schräg in dünne Scheiben schneiden. Den Salat mit den Hähnchenbrustfiletscheiben auf vier Tellern anrichten.

Variante: Die rohen Hähnchenbrustfilets können Sie auch gegen die gleiche Menge geräucherte Hähnchen- oder Putenbrust austauschen, die Sie dann ungebraten direkt auf den Salat geben.

Gedünstete Artischocken

Einfach zuzubereiten, groß in der Wirkung

Zutaten für 4 Personen:
4 mittelgroße Artischocken
Saft von 1 Zitrone
2 große unbehandelte Zitronen
1/4 l Wasser · Salz · 80 g Butter

Blitzrezept • Mit Mikrowelle

Pro Portion etwa:
750 kJ/180 kcal
Zubereitungszeit: 25 Minuten

Die Stiele der Artischocken abschneiden. Die Schnittstellen mit dem Zitronensaft beträufeln. Die Spitzen der Artischockenblätter mit einer Küchenschere gleichmäßig etwas kürzen. • Die Zitronen heiß abwaschen, abtrocknen und in 8 dicke Scheiben schneiden. Mit Küchengarn jeweils 2 Zitronenscheiben pro Artischocke oben und an der Stielseite der Artischocken festbinden. • In ein breites und hohes mikrowellengeeignetes Gefäß mit Deckel das Wasser und Salz geben und offen bei Mikrowellenleistung 600 Watt 2–3 Minuten erwärmen. • Die Artischocken mit der Öffnung nach unten in das Wasser setzen und zugedeckt bei Mikrowellenleistung 600 Watt etwa 5 Minuten garen. Die Artischokken wenden und in 5–7 Minuten fertiggaren. Sie sind gar, wenn sich ein Blatt herausziehen läßt. • Die Butter in einem Topf erhitzen. Die Artischocken abtropfen lassen, die Zitronenscheiben entfernen und vorsichtig die Blüte herausschneiden. Das daruntersitzende Herz mit einem Löffel herausschaben und die Blüten wieder in die Artischocke setzen. Die Artischocken sofort mit der heißen Butter servieren.

Konventionelle Zubereitung:
Konventionell geht's genau so einfach, allerdings verlängert sich die Garzeit. Die vorbereiteten Artischocken in einem offenen Topf mit 1 1/2 Liter kochendem Salzwasser 30–40 Minuten bei mittlerer Hitze sprudelnd kochen lassen.

Feine Salate mit Artischockenböden oder Broccoli

Für besondere Anlässe

Salat mit Artischockenböden

im Bild links

Zutaten für 4 Personen:
240 g Artischockenböden (aus dem Glas) · 180 g Mungobohnenkeimlinge aus dem Glas
200 g geräucherter Putenbrustaufschnitt · 250 g Crème fraîche · Salz · weißer Pfeffer, frisch gemahlen · mildes Currypulver · 2 Eßl. Mangochutney (aus dem Glas)
2 Eßl. Zitronensaft · 1/2 Kästchen Kresse (ersatzweise 1 Eßl. tiefgefrorene Petersilie)

Anspruchsvoll • Blitzrezept

Pro Portion etwa:
1400 kJ/330 kcal
Zubereitungszeit: 15 Minuten

Die Artischockenböden und die Mungobohnenkeimlinge abbrausen und in einem Sieb abtropfen lassen. Den Putenbrustaufschnitt in feine Streifen schneiden. • Die Crème fraîche mit Salz, Pfeffer, Currypulver, dem Mangochutney und dem Zitronensaft verrühren. • Die Artischockenböden je nach Größe halbieren oder vierteln, mit den Bohnenkeimlingen und den Putenbruststreifen in eine Salatschüssel oder auf Teller geben. Mit der Crème fraîche mischen. Den Salat mit der Kresse oder der Petersilie garnieren.

Varianten: Dieser Salat schmeckt auch ohne den Putenbrustaufschnitt. Geben Sie statt dessen einfach etwas mehr Artischokkenböden oder Keimlinge dazu. Oder tauschen Sie den Putenbrustaufschnitt gegen 180 g Sojakeimlinge aus.
Etwas preiswerter wird der Salat, wenn Sie ihn statt mit Artischokkenböden mit 2 geschälten, vom Kerngehäuse befreiten und gewürfelten Birnen zubereiten.

Broccolisalat mit Speck

im Bild rechts

Zutaten für 4–6 Personen:
600 g tiefgefrorener Broccoli
100 g durchwachsener Speck
2 mittelgroße rote Zwiebeln
3 Eßl. Olivenöl · Saft von
1 Zitrone · 1 Prise Zucker
Salz · weißer Pfeffer, frisch gemahlen · 2 Eßl. tiefgefrorene Petersilie

Gelingt leicht

Bei 6 Personen pro Portion etwa:
770 kJ/180 kcal
Zubereitungszeit: 45 Minuten

Den Broccoli mit 1/8 l Wasser in einen Topf mit Deckel geben. Das Wasser aufkochen lassen und den Broccoli zugedeckt bei mittlerer Hitze 10–12 Minuten köcheln lassen. • Inzwischen den Speck sehr fein würfeln. Die Zwiebeln schälen, halbieren und in sehr feine Halbringe schneiden. Das Öl in einer Pfanne erhitzen. Den Speck und die Zwiebeln unter Rühren bei mittlerer Hitze anbraten, bis der Speck etwas knusprig ist und die Zwiebeln glasig sind. Das Speck-Zwiebelgemisch abkühlen lassen. • Den Broccoli in einem Sieb abtropfen lassen. • Den Zitronensaft mit dem Zucker, Salz, Pfeffer und der Petersilie verrühren. • Den Broccoli mit der Speck-Zwiebelmischung und der Marinade mischen. Eventuell noch einmal würzen und auf vier Tellern anrichten.

Variante: Statt der roten Zwiebeln können Sie auch 1 Bund geputzte, in dünne Scheiben geschnittene Radieschen verwenden. Diese dann roh zum Broccoli geben und nur den Speck in der Pfanne knusprig braten.

Gemischter Fischteller ✓

Durch Forellenkaviar und Austern besonders edel

Zutaten für 6 Personen:
Je ½ Bund Basilikum und Dill
2 unbehandelte Zitronen
150 g Crème fraîche
1 Eßl. Meerrettich (aus dem Glas) · 120 g Butter · 6 Scheiben geräucherter Lachs
250 g geräuchertes Forellenfilet
6 gekochte Garnelen in Ölmarinade · 100 g Forellenkaviar
6 Partybrötchen
6 frische Austern

Anspruchsvoll • Blitzrezept

Pro Portion etwa:
2000 kJ/480 kcal
Zubereitungszeit: 15 Minuten

Das Basilikum und den Dill waschen, trockenschütteln und von den groben Stielen befreien. Die Zitronen waschen und trockenreiben. 1 Zitrone auspressen. Die andere Zitrone in 6 dünne Scheiben schneiden. Die Zitronenscheiben bis zur Mitte einschneiden. • Die Crème fraîche mit dem Meerrettich verrühren. • Die Butter in Scheiben schneiden und mit einem kleinen Plätzchenausstecher Motive ausstechen. • Je 1 Scheibe Lachs am Tellerrand drapieren, daneben 1 Teelöffel Meerrettichcreme setzen und diese mit 1 kleinen Dillzweig garnieren. • Das Forellenfilet in 6 Stücke schneiden und neben der Meerrettichcreme anrichten. Die Garnelen und den Kaviar in kleinen Häufchen auf den Tellern anrichten. Die Butter mit kleinen Basilikumblättchen garnieren und mit je 1 Brötchen anrichten. • Je 1 Zitronenscheibe an der eingeschnittenen Stelle so entgegengesetzt nach außen drehen, daß eine Spirale entsteht und auf die Teller setzen. Die Austern säubern, öffnen und in je einer Schalenhälfte anrichten. Den Zitronensaft getrennt dazu reichen.

Avocado – als Salat oder gefüllt

Reicht als Vorspeise für Vier und als Imbiß für Zwei

Avocado-Lachs-Salat

im Bild links

Zutaten für 4 Personen:
- 1 kleiner Lollo rosso (oder ein anderer Blattsalat)
- 120 g geräucherter Lachs oder Lachsschinken · 1/2 Bund Dill
- 4 Eßl. Maiskeimöl
- 2 Eßl. Aceto balsamico oder Weißweinessig · Salz · weißer Pfeffer, frisch gemahlen
- 1 Spritzer flüssiger Süßstoff oder 1 Prise Zucker
- 2 Avocados · 4 Eßl. Zitronensaft

Etwas teurer • Blitzrezept

Pro Portion etwa:
1300 kJ/310 kcal
Zubereitungszeit: 20 Minuten

Den Salat putzen, waschen und abtropfen lassen. Den Lachs oder den Lachsschinken in feine Streifen schneiden. Den Dill waschen, trockenschütteln, 4 Zweige zum Garnieren beiseite legen und den Rest ohne die groben Stiele fein hacken. • Das Öl mit dem Essig, Salz, Pfeffer, dem Süßstoff oder dem Zucker und dem gehackten Dill verrühren. • Die Avocados schälen, halbieren, vom Kern befreien, die Hälften zunächst längs halbieren und dann in Scheiben schneiden. Sofort mit dem Zitronensaft beträufeln. • Den Salat auf Tellern verteilen, die Avocadoscheiben darauf anrichten und mit der Marinade beträufeln. Mit den Lachs- oder Lachsschinkenstreifen und den Dillzweigen garnieren.

Avocados mit Ei gefüllt

im Bild rechts

Zutaten für 4 Personen:
- 2 Eier · 2 Eßl. Weißweinessig
- 4 Eßl. Maiskeimöl · Salz
- weißer Pfeffer, frisch gemahlen
- Zucker · 1 kleiner Kopf Friséesalat (oder ein anderer Blattsalat) · 1/2 Bund Schnittlauch
- 6 Cornichons · 2 reife Avocados
- 5 Eßl. Zitronensaft
- 2 Teel. mittelscharfer Senf

Für Ungeübte • Blitzrezept

Pro Portion etwa:
1300 kJ/310 kcal
Zubereitungszeit: 20 Minuten

Die Eier in etwa 10 Minuten hart kochen, kalt abschrecken, abkühlen lassen und pellen. • Inzwischen den Essig mit dem Öl verrühren und mit Salz, Pfeffer und Zucker würzen. • Den Salat putzen, waschen und abtropfen lassen. Den Schnittlauch waschen, trockenschütteln und in Röllchen schneiden. Die Cornichons sehr fein hacken. • Die Avocados waschen, abtrocknen, längs halbieren und den Kern entfernen. Das Fruchtfleisch mit einem Teelöffel herauslösen, dabei einen etwa 5 mm breiten Rand stehen lassen. Die Avocadohälften und das Fruchtfleisch sofort mit 4 Eßlöffeln Zitronensaft beträufeln. Das ausgelöste Fruchtfleisch würfeln. • Die Eier fein würfeln und mit dem Schnittlauch, den Cornichons, dem Senf und den Avocadowürfeln in eine Schüssel geben und vorsichtig vermischen. Mit Salz, Pfeffer und 1 Eßlöffel Zitronensaft würzen. Die Avocadohälften mit der Eimasse füllen. • Den Friséesalat auf Tellern anrichten, die Marinade umrühren und über den Salat träufeln. Die Avocadohälften darauf setzen und servieren.

Forellenmousse-Terrine

Schnell zubereitet – braucht aber Zeit zum Kühlen

Zutaten für 6 Personen:
375 g geräucherte Forellenfilets
4 1/2 Blatt weiße Gelatine
80 g Schalotten · 1 Eßl. Butter
225 ml Rinderfond · Salz
weißer Pfeffer, frisch gemahlen

Anspruchsvoll

Pro Portion etwa: 400 kJ/95 kcal
Zubereitungszeit: 20 Minuten
Kühlzeit: 40 Minuten

Die Forellenfilets in das Gefrierfach legen. Die Gelatine in kaltem Wasser einweichen. • Die Schalotten schälen und fein hacken. Die Butter in einer großen Pfanne erhitzen und die Schalotten darin glasig braten. Etwa 1/8 l Rinderfond hinzufügen und bei mittlerer Hitze 3–4 Minuten sprudelnd einkochen lassen. • Eine Pastetenform von 1/2–3/4 l Inhalt mit kaltem Wasser ausspülen. Einen Gefrierbeutel aufschneiden und die Form damit auskleiden. 1 Forellenfilet längs halbieren, der Länge nach in der Mitte der Pastetenform anordnen und diese in den Kühlschrank stellen. • Die restlichen Forellenfilets mit den Zwiebeln und dem Fond mit dem Pürierstab pürieren. Etwa 50–100 ml Rinderfond hinzufügen und alles mit dem Pürierstab glattschlagen. • Die Gelatine ausdrücken und in einem kleinen Topf bei schwacher Hitze unter Rühren auflösen. Die aufgelöste Gelatine langsam in die Forellenmousse gießen und dabei mit dem Pürierstab verschlagen. Die Mousse je nach Geschmack leicht mit wenig Salz und Pfeffer würzen. Sofort in die vorbereitete Form füllen, glattstreichen und einige Male auf der Arbeitsfläche aufstoßen, damit keine Luftblasen entstehen. Im Gefrierfach mindestens 40 Minuten kühl stellen.

Meine Tips: Die Forellenmousse können Sie bereits am Vortag zubereiten. Vor dem Servieren die Terrine stürzen und in Scheiben schneiden. Auf einer Platte mit Salz, Zitronenscheiben und Dill garniert servieren.

Riesengarnelen mit Knoblauch

Olivenöl und Butter sorgen beim Braten für den besonderen Geschmack

Zutaten für 4 Personen:
50 g Feldsalat · 2 Eßl. Walnußöl (ersatzweise Olivenöl)
1 Eßl. Aceto balsamico oder Weißweinessig · Salz
weißer Pfeffer, frisch gemahlen
1 Spritzer flüssiger Süßstoff oder 1 Prise Zucker
2 Knoblauchzehen
1 unbehandelte Zitrone · 8 rohe Riesengarnelen · 1 Eßl. Olivenöl
1 Eßl. Butter · 100 g Sahne
8 Walnußhälften

Anspruchsvoll

Pro Portion etwa:
1100 kJ/260 kcal
Zubereitungszeit: 35 Minuten

Den Feldsalat sehr sorgfältig putzen, waschen, abtropfen lassen und auf vier Teller verteilen. • Das Walnußöl mit dem Essig, Salz, Pfeffer und dem Süßstoff oder dem Zucker mischen. • Die Knoblauchzehen schälen. Die Zitrone waschen, abtrocknen, halbieren und eine Hälfte in 4 dünne Scheiben schneiden. Jede Scheibe bis zur Mitte einschneiden und zu einem Hütchen zusammendrücken. • Die Garnelen kalt abspülen und trockentupfen. Mit einer Küchenschere an der Unterseite der Länge nach einschneiden und den schwarzen Darmstrang unter der Schale entfernen. • Das Olivenöl mit der Butter in einer Pfanne erhitzen. Die Garnelen darin bei mittlerer Hitze rundherum hellbraun braten. Die Knoblauchzehen durch die Presse dazudrücken. • Die zweite Zitronenhälfte auspressen. Den Saft und die Sahne hinzufügen. Die Garnelen mit Salz und Pfeffer würzen. Alles noch 2–3 Minuten bei schwacher Hitze einköcheln lassen. • Auf jedem Teller je 2 Garnelen mit etwas Sauce neben dem Feldsalat anrichten. Die Essig-Ölmarinade über den Feldsalat träufeln und mit den Walnußhälften und den Zitronenhütchen garnieren.

JUSTINUS

Verlockendes aus frischen Zutaten und Fertigprodukten

Ob aus der Tiefkühltruhe, aus dem Glas oder aus der Kühltheke: Fertigprodukte sind besser als ihr Ruf, wenn sie mit Köpfchen eingekauft und dann mit frischen Zutaten optimal kombiniert werden. Achten Sie beim nächsten Einkauf einmal darauf, was die Tiefkühltruhe und das Kühlregal in Ihrem Supermarkt alles zu bieten haben. In diesem Kapitel zeige ich Ihnen, wie Sie diese Produkte kombinieren und mit einer Prise Phantasie wahre Köstlichkeiten zubereiten können. Lassen Sie sich und Ihre Familie überraschen. Probieren Sie einmal Hähnchengeschnetzeltes mit Erbsen (Rezept Seite 37), Gemüse-Wurst-Gulasch (Rezept Seite 39) oder Thunfisch-Tortellini (Rezept Seite 58). Die Gerichte werden Ihnen bestimmt gut schmecken.

Geschmorte Hähnchenkeulen

Dazu paßt ein süß-saures Gemüse, das gleich mitgegart wird

Hähnchenkeulen mit Staudensellerie

im Bild links

Zutaten für 4 Personen:
4 Hähnchenkeulen (je etwa 200 g) · Salz · weißer Pfeffer, frisch gemahlen · Paprikapulver, edelsüß · 2 Eßl. Olivenöl
1/8 l Hühnerbrühe
200 g Frühlingszwiebeln
400 g Staudensellerie
2 rote Paprikaschoten
1/8 l Weißwein oder Brühe
1/2 Teel. Speisestärke
4 Eßl. Sojasauce
Zucker · 1 Spritzer Zitronensaft

Gelingt leicht

Pro Portion etwa:
1200 kJ/290 kcal
Zubereitungszeit: 45 Minuten

Die Hähnchenkeulen kalt abspülen, trockentupfen und mit Salz, Pfeffer und Paprikapulver würzen. • Das Öl in einem Schmortopf erhitzen. Die Hähnchenkeulen darin auf beiden Seiten bei starker bis mittlerer Hitze braun anbraten. Die Hühnerbrühe dazugeben, einmal aufkochen lassen und bei schwacher Hitze zugedeckt etwa 30 Minuten garen. • Inzwischen die Frühlingszwiebeln und den Staudensellerie putzen und in kleine Stücke schneiden. Die Paprikaschoten waschen, halbieren, von den Kernen und den weißen Trennwänden befreien und in feine Streifen schneiden. • Das Gemüse mit dem Wein oder der Brühe zu den Hähnchenkeulen geben und bei schwacher Hitze weitere 8–10 Minuten garen; das Gemüse sollte noch bißfest sein. • Die Hähnchenkeulen warm stellen. Die Speisestärke mit 1 Eßlöffel Wasser anrühren und das Gemüse damit binden. Das Gemüse einmal aufkochen lassen und mit der Sojasauce, Zucker und dem Zitronensaft würzen.

Hähnchenkeulen mit Chicorée

im Bild rechts

Zutaten für 4 Personen:
4 Hähnchenkeulen (je etwa 200 g) · Salz · weißer Pfeffer, frisch gemahlen oder Zitronenpfeffer · 2 Eßl. Maiskeimöl
1/8 l Weißwein oder Hühnerbrühe · 800 g Chicorée · Saft von 1 Zitrone · 200 g Möhren
1/8 l Hühnerbrühe · Zucker

Raffiniert

Pro Portion etwa:
1100 kJ/260 kcal
Zubereitungszeit: 45 Minuten

Die Hähnchenkeulen kalt abspülen, trockentupfen und mit Salz und Pfeffer würzen. • Das Öl in einem Schmortopf erhitzen. Die Hähnchenkeulen darin auf beiden Seiten bei starker bis mittlerer Hitze braun anbraten. Den Wein oder die Brühe dazugeben, einmal aufkochen lassen und bei schwacher Hitze zugedeckt etwa 35 Minuten garen. • Inzwischen den Chicorée putzen, halbieren, den bitteren Kern keilförmig herausschneiden und den Chicorée in feine Streifen schneiden. Mit 2 Eßlöffeln Zitronensaft beträufeln. • Die Möhren putzen, raspeln und mit dem Chicorée und der Brühe zu den Hähnchen geben. Alles einmal aufkochen lassen und bei schwacher Hitze 3–5 Minuten dünsten. • Mit dem restlichen Zitronensaft, Salz, Pfeffer und Zucker würzen.

Mein Tip: So werden die Hähnchenkeulen trotzdem schön knusprig: Den Grill vorheizen. Die geschmorten Keulen auf eine hitzebeständige Platte legen. Den Grill vorheizen und die Keulen im Grill (oben) 3–4 Minuten grillen, bis die Haut knusprig braun ist. Das Gemüse in dieser Zeit warm stellen.

Geschnetzeltes einmal anders

Ausgefallen mit Mungobohnen oder traditionell mit Erbsen

Putenbrustgeschnetzeltes mit Keimlingen

im Bild links

Zutaten für 4 Personen:
200 g Frühlings- oder Gemüsezwiebeln · 800 g Putenbrust
Currypulver · Salz · weißer Pfeffer, frisch gemahlen
2 Eßl. Butterschmalz oder Maiskeimöl · 1/8 l Hühnerbrühe
280 g Mungobohnenkeimlinge (aus dem Glas) · 250 g Aprikosen oder Pfirsiche aus der Dose mit Saft · 1 gehäufter Eßl. Speisestärke · 4 Eßl. Mangochutney

Raffiniert · Für Ungeübte

Pro Portion etwa:
1300 kJ/310 kcal
Zubereitungszeit: 35 Minuten

Die Frühlingszwiebeln putzen oder die Gemüsezwiebeln schälen und in feine Ringe schneiden. • Das Putenfleisch in Würfel oder feine Streifen schneiden und mit Currypulver, Salz und Pfeffer würzen. Das Butterschmalz oder das Öl in einer sehr großen Pfanne erhitzen und die Zwiebelringe darin bei mittlerer Hitze anbraten. • Das Fleisch dazugeben, die Stücke rundherum anbraten. Mit der Hühnerbrühe aufgießen und bei mittlerer Hitze unter häufigem Wenden 8–10 Minuten garen. Die Mungobohnenkeimlinge abtropfen lassen. Die Aprikosen oder die Pfirsiche in feine Streifen schneiden. • Die Speisestärke mit etwas Saft anrühren. Die Keimlinge, die Aprikosen- oder Pfirsichstreifen und den restlichen Saft zum Fleisch geben und verrühren. Zum Binden die Stärke unterrühren. Alles einmal aufkochen lassen und mit dem Mangochutney, Currypulver, Salz und Pfeffer würzen.

Mein Tip: Dazu passen Reis und Nudeln. Statt Mangochutney können Sie Aprikosen- oder Pfirsichmarmelade verwenden.

Hähnchengeschnetzeltes mit Erbsen

im Bild rechts

Zutaten für 4 Personen:
200 g Zwiebeln · 500 g Egerlinge · 1 Eßl. Butterschmalz
600 g Hähnchen- oder Putenbrustfilet · Salz · weißer Pfeffer, frisch gemahlen · 1/4 l Hühnerbrühe · 200 g Sahne
300 g tiefgefrorene Erbsen
1 Teel. Mehl · 1 Eßl. Zitronensaft · 1 Eßl. Worcestersauce

Für Ungeübte

Pro Portion etwa:
2000 kJ/480 kcal
Zubereitungszeit: 40 Minuten

Die Zwiebeln schälen und fein hacken. Die Egerlinge putzen und in Scheiben schneiden. • Das Butterschmalz in einem großen Topf erhitzen und die Zwiebeln darin glasig braten. Die Egerlinge hinzufügen und 3–5 Minuten bei schwacher Hitze dünsten. • Inzwischen das Geflügelfleisch in feine Streifen schneiden und mit Salz und Pfeffer würzen. • Die Brühe und die Sahne zu den Egerlingen geben und das Fleisch darin bei mittlerer Hitze 8–10 Minuten ziehen lassen. • Die tiefgefrorenen Erbsen mit 100 ml Wasser in einem Topf einmal aufkochen und dann bei schwacher Hitze 3–5 Minuten garen. • Das Mehl in 1 Eßlöffel Wasser anrühren und das Geschnetzelte damit binden. Alles einmal aufkochen lassen und die Erbsen hinzufügen. Mit Salz, Pfeffer, dem Zitronensaft und der Worcestersauce würzen. Mit Reis servieren.

Variante: Anstelle der Erbsen können Sie 300 g Spargelstücke aus dem Glas hinzufügen. Noch schneller geht's, wenn Sie statt der Egerlinge 450 g tiefgefrorene Champignons verwenden.

Feine Geflügelgerichte mit Früchten

Kurzgebraten auf Reis oder mit Salat serviert

Poulardenbrüstchen mit Currysauce ✓

im Bild links

Zutaten für 4 Personen:
200 g Wildreismischung (Langkornreis mit Wildreis) · Salz
1 Eßl. Butter · 250 g Fruchtcocktail aus der Dose · 180 g Mayonnaise · 125 g Sahnequark
2 Eßl. Joghurt (3,5% Fett)
1 mittelgroße Banane · weißer Pfeffer, frisch gemahlen
Currypulver · 1 Eßl. Sojasauce
16 Blättchen glatte Petersilie
4 ausgelöste Poulardenbrüstchen ohne Haut (je 150–180 g)
6 hauchdünne Scheiben durchwachsener Speck
2 Eßl. Butterschmalz

Gelingt leicht • Blitzrezept

Pro Portion etwa:
3300 kJ/790 kcal
Zubereitungszeit: 30 Minuten

Den Reis mit 1 Prise Salz und der Butter nach Anweisung auf der Packung in 20–25 Minuten garen. • Inzwischen für die Currysauce den Fruchtcocktail abtropfen lassen. Die Mayonnaise, den Quark, den Joghurt, die Banane und 2–3 Eßlöffel Obstsaft in einer hohen Rührschüssel mit dem Pürierstab pürieren. Mit Salz, Pfeffer, Currypulver und der Sojasauce würzen. Die Früchte untermischen. • Die Petersilienblättchen und die Poulardenbrüstchen waschen und trockentupfen. Jede Geflügelscheibe viermal schräg etwas einschneiden. • Den Speck in feine Streifen schneiden. Die Einschnitte im Fleisch mit Speckstreifen und Petersilienblättchen füllen. Das Fleisch mit Pfeffer würzen. • Das Butterschmalz in einer Pfanne erhitzen und das Fleisch darin von beiden Seiten bei mittlerer Hitze goldbraun braten. • Mit dem Reis auf einer Platte anrichten und die Currysauce getrennt dazu reichen.

Putenschnitzel mit Mandeln ✓

im Bild rechts

Zutaten für 4 Personen:
1 großer Kopf Endiviensalat
2 Eier · 80 g Mandelblättchen
4 Putenschnitzel (je etwa 180 g)
Salz · weißer Pfeffer, frisch gemahlen · 2 Eßl. Butterschmalz
470 g Pfirsiche aus der Dose
300 g Sahnejoghurt
2 Teel. mittelscharfer Senf
2 Eßl. flüssiger Honig
Saft von 1/2 Zitrone

Blitzrezept • Gelingt leicht

Pro Portion etwa:
2500 kJ/600 kcal
Zubereitungszeit: 30 Minuten

Den Endiviensalat putzen, waschen, in schmale Streifen schneiden und gut abtropfen lassen. • Die Eier in einem Suppenteller aufschlagen und verquirlen. Die Mandeln auf einen Teller streuen. • Die Putenschnitzel mit Salz und Pfeffer würzen. Nacheinander erst in den verquirlten Eiern, dann in den Mandelblättchen wälzen. • Das Butterschmalz in einer großen Pfanne erhitzen und das Fleisch darin bei mittlerer Hitze von jeder Seite 3–4 Minuten goldbraun braten. Eine Fleischplatte vorwärmen. • Inzwischen die Pfirsiche abtropfen lassen, etwa 4 Hälften beiseite stellen, den Rest in feine Streifen schneiden und mit dem Salat in einer großen Schüssel mischen. • Für das Dressing den Joghurt mit dem Senf und dem Honig verrühren. Mit dem Zitronensaft, Salz und Pfeffer würzen. Das Dressing unter den Salat heben. • Die Putenschnitzel auf der Fleischplatte anrichten. Die 4 Pfirsichhälften im Bratfett bei starker Hitze 1–2 Minuten dünsten, die Schnitzel damit garnieren und mit dem Salat servieren.

Würzige Wurst und viel Gemüse

Schmeckt auch Kindern gut

Gemüse-Wurst-Gulasch

im Bild links

Zutaten für 4 Personen:
500 g Kartoffeln · Salz · 600 g tiefgefrorenes Mischgemüse, zum Beispiel Ratatouille oder Balkangemüse · 500 g Fleischwurst · 480 g Tomaten aus der Dose · weißer Pfeffer, frisch gemahlen · frischer oder getrockneter Thymian
250 g Crème fraîche

Gelingt leicht

Pro Portion etwa:
3500 kJ/830 kcal
Zubereitungszeit: 35 Minuten

Die Kartoffeln schälen, waschen, würfeln und in wenig Salzwasser in etwa 20 Minuten nicht zu weich garen. • Inzwischen das Gemüse nach Angaben auf der Packung zubereiten. • Von der Fleischwurst die Haut abziehen und die Wurst in Würfel schneiden. • Die Tomaten mit dem Saft zum Gemüse geben, mischen und bei schwacher Hitze erwärmen. • Die Kartoffeln abgießen und mit der Fleischwurst unter das Gemüse heben. Das Gulasch bei schwacher Hitze erwärmen, mit Salz, Pfeffer und Thymian würzen. Die Crème fraîche vorsichtig unterrühren.

Mein Tip: Wenn Sie Kartoffeln vom Vortag übrig haben, können Sie dieses Gulasch noch schneller zubereiten.

Variante: Statt Tomaten aus der Dose können Sie gehäutete frische Tomaten verwenden. Eine besondere Note bekommt das Gulasch, wenn Sie mit Basilikum würzen. Anstelle von tiefgefrorenem Gemüse können Sie 600 g frisches Gemüse Ihrer Wahl nehmen, zum Beispiel rote und grüne Paprikaschoten, Zucchini und Auberginen. Planen Sie dann etwas mehr Zeit ein.

Brühwürste mit Zucchini überbacken

im Bild rechts

Zutaten für 4 Personen:
200 g Zwiebeln · 600 g Zucchini
2 Eßl. Butter · 100 g Sahne
4–8 Brühwürste (je nach Größe, pro Person etwa 150 g)
100 g mittelalter Gouda, frisch gerieben (ersatzweise geriebener Emmentaler aus der Tüte) · Salz · weißer Pfeffer, frisch gemahlen · 1 Päckchen tiefgefrorene Petersilie
Für die Form: Butter

Preiswert

Pro Portion etwa:
2900 kJ/690 kcal
Zubereitungszeit: 35 Minuten

Die Zwiebeln schälen und fein würfeln. Die Zucchini waschen, von den Stiel- und Blütenansätzen befreien und würfeln. Eine flache Auflaufform einfetten. • Die Butter in einem Topf erhitzen und die Zwiebeln darin glasig braten. Die Zucchini mit der Sahne hinzufügen. Die Zucchini bei mittlerer Hitze in 4–6 Minuten bißfest dünsten. • Den Backofen auf 180–200° (Gas: Stufe 2–2 1/2) vorheizen. • Die Brühwürste der Länge nach tief einschneiden, aber nicht durchschneiden und in die Form legen. • Die Hälfte des Käses unter die Zucchini mischen und den Käse schmelzen lassen. Mit Salz, Pfeffer und der Petersilie würzen. • Die Würste etwas auseinanderdrücken und die Zucchini darauf verteilen. Mit dem restlichen Käse bestreut im Backofen (unten) etwa 15 Minuten überbacken. Mit Kartoffelpüree oder Brot servieren.

Feine Lebergerichte

Klassisch mit Äpfeln und Zwiebeln oder einmal anders mit Tomaten

Kalbsleber mit Äpfeln und Zwiebeln ✓

im Bild links

Zutaten für 4 Personen:
1 große Gemüsezwiebel
2 große Äpfel · 60 g Butter
4 Scheiben Kalbs- oder Jungrindleber (je 150–180 g)
weißer Pfeffer, frisch gemahlen
2–3 Eßl. Mehl zum Bestäuben
Salz · 3–5 Blätter Salbei (oder 1/4 Teel. getrockneter)

Blitzrezept • Gelingt leicht

Pro Portion etwa:
1900 kJ/450 kcal
Zubereitungszeit: 25 Minuten

Die Zwiebel schälen, in dünne Ringe schneiden. Die Äpfel schälen, halbieren, vom Kerngehäuse befreien und in Spalten schneiden. • Die Hälfte der Butter erhitzen und die Zwiebeln darin bei mittlerer Hitze glasig braten. Die Apfelspalten dazugeben und bei mittlerer Hitze dünsten. • Die Leber waschen, trockentupfen und, wenn vorhanden, die Häutchen entfernen. Mit Pfeffer würzen und mit dem Mehl bestäuben. • Das Zwiebel-Apfelgemisch beiseite stellen. • Die restliche Butter in derselben Pfanne erhitzen und die Leber darin bei mittlerer Hitze von jeder Seite 3–4 Minuten braten. • Das Zwiebel-Apfelgemisch auf der Leber verteilen und in der Pfanne noch 2–3 Minuten erwärmen. Dann erst mit Salz, Pfeffer und Salbei würzen.

Variante: Die Leber 1–2 Minuten von jeder Seite anbraten und in eine gefettete Auflaufform geben. Mit dem Zwiebel-Apfelgemisch bedecken und statt mit Salbei mit etwas Paprikapulver bestäuben. Mit etwa 100 g geriebenem Emmentaler bestreuen und im vorgeheizten Backofengrill (unten) 4–6 Minuten überbacken.

Geflügelleber mit Tomaten ✓

im Bild rechts

Zutaten für 4 Personen:
400 g Tomaten · 200 g Zwiebeln · 1 Knoblauchzehe
1 Eßl. Butter · 100 g durchwachsener Speck · 600 g Geflügel- oder Jungrindleber · Salz
weißer Pfeffer, frisch gemahlen
1/4 Teel. Thymian (in Öl eingelegt oder frisch gehackt)
4 Eßl. Weinbrand oder Brühe

Blitzrezept • Gelingt leicht

Pro Portion etwa:
1800 kJ/430 kcal
Zubereitungszeit: 30 Minuten

Die Tomaten kreuzweise einschneiden, mit kochendem Wasser überbrühen, häuten und in Würfel schneiden. Die Zwiebeln und die Knoblauchzehe schälen. Die Zwiebeln in dünne Ringe schneiden. Die Butter in einer Pfanne erhitzen und die Zwiebeln darin bei mittlerer Hitze glasig braten. Die Knoblauchzehe durch die Presse dazudrücken und kurz mitbraten. Die Zwiebeln auf einem Teller beiseite stellen. • Den Speck fein würfeln. Die Lebern von den Häutchen und Sehnen befreien und in Würfel schneiden. • Den Speck in der Pfanne bei mittlerer Hitze auslassen. Die Leber dazugeben und unter Wenden braun braten. • Die Zwiebeln und die Tomatenwürfel dazugeben, alles mischen und 2–4 Minuten bei schwacher Hitze dünsten. Mit Salz, Pfeffer, Thymian und dem Weinbrand oder der Brühe abschmecken. Dazu passen Kartoffelpüree und grüner Salat.

Variante: Sie können dieses Gericht auch mit geschälten Tomaten aus der Dose zubereiten. Anstelle von Thymian schmeckt auch Salbei sehr gut.

Spezialitäten im Schnellkochtopf zubereitet

Mit Kapern und Gewürzgurke besonders pikant

Labskaus

im Bild links

Zutaten für 4 Personen:
1 kg Kartoffeln · 200 g Zwiebeln
400 g Cornedbeef · 2 Eßl. Butter
1/4 l Rinderbrühe · 3 Lorbeerblätter · 8 Pfefferkörner
300 g rote Beten aus dem Glas
5 kleine Gewürzgurken
200 ml Milch · Salz · weißer Pfeffer, frisch gemahlen · Muskatnuß, frisch gerieben · 4 Eier
4 Matjesfilets oder Rollmöpse

Spezialität aus Schleswig-Holstein

Pro Portion etwa:
2900 kJ/690 kcal
Zubereitungszeit: 45 Minuten

Die Kartoffeln schälen und mit Wasser entweder konventionell oder nach Vorschrift im Schnellkochtopf 10–12 Minuten garen. • Inzwischen die Zwiebeln schälen und fein hacken. Das Cornedbeef klein würfeln. In einem Topf 1 Eßlöffel Butter erhitzen und die Zwiebeln darin glasig braten. • Das Cornedbeef, die Brühe, die Lorbeerblätter und die Pfefferkörner zu den Zwiebeln geben und bei schwacher Hitze etwa 10 Minuten köcheln lassen. • Die roten Beten und die Gewürzgurken abtropfen lassen und fein würfeln. • Die Kartoffeln mit der Milch pürieren. • Die Lorbeerblätter und die Pfefferkörner aus der Brühe entfernen. Die Brühe durch ein Sieb zu den Kartoffeln gießen und unterrühren. Das Püree mit Salz, Pfeffer und Muskat würzen. • Das Fleisch, die roten Beten und die Gewürzgurken unter den Kartoffelbrei ziehen. Das Labskaus bei schwacher Hitze warm halten. • Die restliche Butter erhitzen, die Eier hineinschlagen und bei mittlerer Hitze zu Spiegeleiern braten.
• Das Labskaus mit den Spiegeleiern und den Matjesfilets oder Rollmöpsen belegt servieren.

Kalbsbraten in Gurken-Kapern-Sauce

im Bild rechts

Zutaten für 4 Personen:
150 g Zwiebeln · 1/4 l heiße Rinderbrühe · 800 g Kalbfleisch (aus der Keule) · Salz
weißer Pfeffer, frisch gemahlen
1 Eßl. Butterschmalz
1/8 l Weißwein oder Brühe
6 Cornichons · 3 Teel. Kapern
1 gehäufter Eßl. Mehl
200 g Sahne · 1 Teel. mittelscharfer Senf · Paprikapulver, edelsüß

Spezialität aus Franken

Pro Portion etwa:
1900 kJ/450 kcal
Zubereitungszeit: 35 Minuten

Die Zwiebeln schälen und sehr fein hacken. Die Rinderbrühe erhitzen. Das Fleisch mit Salz und Pfeffer würzen.
• Im Schnellkochtopf (4 l Inhalt) das Butterschmalz erhitzen und das Fleisch darin rundherum bei mittlerer Hitze kräftig anbraten. Die Zwiebeln hinzufügen, glasig braten und mit der heißen Brühe und dem Wein oder der Brühe ablöschen. Den Schnellkochtopf nach Vorschrift verschließen und den Braten in 20–22 Minuten garen. • Inzwischen die Cornichons in dünne Scheiben schneiden und die Kapern fein hacken. Das Mehl mit der Sahne anrühren. • Den Schnellkochtopf nach Vorschrift abdampfen lassen, das Fleisch herausnehmen und warm halten. Die Sauce mit der Sahne verrühren, einmal aufkochen und mit den Cornichons, den Kapern, dem Senf, Paprikapulver, Salz und Pfeffer würzen. Das Fleisch in Scheiben schneiden und mit der Sauce servieren.

Mein Tip: Das Fleisch können Sie auch konventionell im Topf bei schwacher Hitze in 60–70 Minuten schmoren.

Hackfleisch schmeckt in allen Variationen

Als Sauce zu Nudeln oder mit Schmorgurken

Spaghetti mit Hackfleischsauce

im Bild links

Zutaten für 4 Personen:
200 g Zwiebeln
4 Eßl. Oliven- oder Maiskeimöl
600 g gemischtes Hackfleisch
800 g geschälte Tomaten aus der Dose · 1/4 l Fleischbrühe
1 Bund Petersilie (ersatzweise 1 Päckchen tiefgefrorene)
2 milde Peperoncini
400 g Spaghetti · 100 g Sahne
1 Eßl. Mehl · Salz · weißer Pfeffer, frisch gemahlen
Paprikapulver, edelsüß

Preiswert

Pro Portion etwa:
4100 kJ/980 kcal
Zubereitungszeit: 45 Minuten

Die Zwiebeln schälen und in dünne Ringe schneiden. • Das Öl in einem Topf erhitzen, die Zwiebeln und das Hackfleisch darin bei starker Hitze kräftig anbraten. Die Tomaten mit der Flüssigkeit und die Brühe hinzufügen. Das Fleisch zugedeckt bei mittlerer Hitze in 15–20 Minuten garen. • Inzwischen die Petersilie waschen, trockenschütteln, die Blätter von den Stielen zupfen und fein hacken. Die Peperoncini in sehr feine Streifen schneiden. • Die Spaghetti in sprudelnd kochendem Salzwasser bißfest garen. • Die Sahne unter die Fleischsauce rühren. Das Mehl mit wenig Wasser anrühren, die Sauce damit binden und einmal aufkochen lassen. Mit der Petersilie, den Peperoncini, Salz, Pfeffer und Paprikapulver würzen. Die Sauce und die Spaghetti getrennt servieren.

Variante: Sie können auch noch 300 g frische oder tiefgefrorene Paprikawürfel oder 50 g tiefgefrorenes Suppengemüse mit dem Fleisch zusammen schmoren lassen.

Schmorgurken mit Hackfleisch

im Bild rechts

Zutaten für 4 Personen:
600 g Kartoffeln · 1 kg Schmorgurken · 150 g Zwiebeln
3 Eßl. Maiskeimöl
600 g gemischtes Hackfleisch
1/2 l Fleischbrühe · 1 Kästchen Kresse · 2 Eßl. mittelscharfer Senf · Salz · weißer Pfeffer, frisch gemahlen

Preiswert

Pro Portion etwa:
2700 kJ/640 kcal
Zubereitungszeit: 45 Minuten

Die Kartoffeln waschen und ungeschält knapp mit Wasser bedeckt in etwa 25 Minuten garen. • Die Gurken schälen, halbieren und die Kerne mit einem Löffel herauslösen. Die Gurken in etwa 1/2 cm breite Streifen schneiden. Die Zwiebeln schälen und fein hacken. • Das Öl in einem Schmortopf erhitzen. Die Zwiebeln und das Hackfleisch darin bei starker Hitze krümelig anbraten. Die Gurken mit dem Hackfleisch mischen. Mit der Brühe ablöschen und offen bei mittlerer Hitze in 20–25 Minuten garen. • Inzwischen die Kartoffeln pellen und warm stellen. • Die Kresse waschen, gut abtropfen lassen und einige Blättchen zum Garnieren zurückbehalten. Das Fleisch mit der restlichen Kresse, dem Senf, Salz und Pfeffer würzen. Mit Kresse garnieren und mit den Pellkartoffeln servieren.

Mein Tip: Hackfleisch läßt sich im Gefrierbeutel sehr gut flach einfrieren, allerdings nur am Kauftag. Bei Bedarf können Sie die gefrorene Hackfleischplatte direkt in die Pfanne geben und darin auftauen. Dabei die aufgetauten Stellen immer wieder mit dem Kochlöffel ablösen und krümelig anbraten.

Zarte Kalbsschnitzel – gefüllt oder geschnetzelt

Gemüse spielt dabei die Hauptrolle

Kalbsschnitzel mit Lauchfüllung

im Bild links

Zutaten für 4 Personen:
1 kg Lauch · 20 g Butter
1/8 l Geflügelbrühe · 4 Kalbsschnitzel (je etwa 175 g) · Salz
weißer Pfeffer, frisch gemahlen
2 Teel. mittelscharfer Senf
4 Eßl. geriebener Emmentaler oder Gouda · 1 Ei · 2 Eßl. Semmelbrösel · 40 g Butterschmalz
1 Eßl. Mehl · 3 Eßl. Crème fraîche · Saft von 1/2 Zitrone
Muskatnuß, frisch gerieben.

Raffiniert

Pro Portion etwa:
2200 kJ/520 kcal
Zubereitungszeit: 35 Minuten

Den Lauch putzen, längs bis zur Mitte halbieren, waschen und in Stücke schneiden. Die Butter in einer Pfanne erhitzen und den Lauch darin bei mittlerer Hitze anbraten. Etwa 4 Eßlöffel Lauch herausnehmen und beiseite stellen. Die Brühe zum Lauch geben und bei schwacher Hitze 6–8 Minuten köcheln lassen. • Inzwischen die Kalbsschnitzel mit Salz und Pfeffer würzen und dünn mit dem Senf bestreichen. • Den Käse mit dem beiseitegestellten Lauch mischen und je 2 Eßlöffel davon auf den Schnitzeln verteilen, zusammenklappen und die Ränder mit einem Messerrücken festklopfen. • Das Ei verquirlen. Die Semmelbrösel auf einen Teller geben. Das Fleisch in dem Ei wenden, abtropfen lassen und in den Semmelbröseln wenden.
• Das Butterschmalz in einer Pfanne erhitzen und die Schnitzel bei mittlerer Hitze darin von jeder Seite 4–5 Minuten braten.
• Das Mehl mit der Crème fraîche verrühren und den Lauch damit binden. Mit dem Zitronensaft, Salz, Pfeffer und Muskat würzen. Mit den Schnitzeln und Salzkartoffeln servieren.

Kalbsgeschnetzeltes mit Staudensellerie

im Bild rechts

Zutaten für 4 Personen:
800 g Kalbsschnitzel
500 g Staudensellerie · 1 Knoblauchzehe · Salz · weißer Pfeffer, frisch gemahlen
2 Eßl. Butterschmalz
3/8 l Fleischbrühe
1/8 l Weißwein oder Fleischbrühe · 200 g Sahne · 2 große säuerliche Äpfel · 2 Eßl. heller Saucenbinder · 2 Eßl. mildes Currypulver · 2 Eßl. Zitronensaft
2 Eßl. Ahornsirup oder
1 Teel. Zucker

Für Ungeübte

Pro Portion etwa:
2000 kJ/480 kcal
Zubereitungszeit: 35 Minuten

Die Schnitzel in feine Streifen schneiden. • Den Staudensellerie putzen und in etwa 1/2 cm breite Stücke schneiden. Die Knoblauchzehe schälen.
• Das Fleisch mit Salz und Pfeffer würzen. Das Butterschmalz in einem Schmortopf erhitzen und die Fleischstreifen darin bei mittlerer Hitze kräftig anbraten. Den Sellerie hinzufügen, die Knoblauchzehe durch die Presse dazudrücken und etwa 2 Minuten anbraten. Mit der Brühe, dem Wein oder der Fleischbrühe und der Sahne ablöschen. Bei mittlerer Hitze zugedeckt etwa 10 Minuten garen. • Inzwischen die Äpfel schälen, vierteln, dabei vom Kerngehäuse befreien und in Stücke schneiden. Die Äpfel zum Fleisch geben und 5–10 Minuten weitergaren.
• Die Sauce mit dem Saucenbinder binden, einmal aufkochen und mit Salz, Pfeffer, dem Currypulver, dem Zitronensaft und dem Ahornsirup oder dem Zucker würzen. Mit Reis servieren.

Koteletts – paniert oder natur

Klassisch mit Gemüse oder exotisch mit Bananen

Koteletts mit Kohlrabi und Möhren

im Bild links

Zutaten für 4 Personen:
4 junge Kohlrabi (etwa 800 g)
300 g Möhren · 1 Eßl. Butter
4 Schweinekoteletts (je etwa 180 g) · 2 Eßl. Mehl
6 Eßl. Semmelbrösel · 1 Ei
1/2 Eßl. Maiskeimöl · Salz
weißer Pfeffer, frisch gemahlen
50 g Butterschmalz
150 g Crème fraîche
1 Päckchen tiefgefrorene Petersilie (ersatzweise 1 Bund Petersilie, frisch gehackt)
Muskatnuß, frisch gerieben

Gelingt leicht

Pro Portion etwa:
2900 kJ/690 kcal
Zubereitungszeit: 35 Minuten

Die Kohlrabi und die Möhren schälen. Die Kohlrabi vierteln und auf dem Gurkenhobel oder mit der Küchenmaschine in dünne Scheiben hobeln. Die Möhren ebenfalls in Scheiben hobeln. • Die Butter in einem Topf erhitzen und die Kohlrabi darin zugedeckt bei mittlerer Hitze etwa 5 Minuten dünsten.
• Die Möhren dazugeben und 10–15 Minuten mitdünsten. Eventuell etwas Wasser hinzufügen. • Die Koteletts waschen und trockentupfen. Das Mehl und die Semmelbrösel jeweils auf einen Teller geben. Die Koteletts salzen und pfeffern und in dem Mehl wenden. Das Ei mit 1 Eßlöffel Wasser und dem Öl verschlagen. Das Fleisch erst darin, dann in den Semmelbröseln wenden. Das Butterschmalz erhitzen und die Koteletts darin bei mittlerer Hitze von jeder Seite 4–5 Minuten goldbraun braten.
• Das Gemüse mit der Crème fraîche und der Petersilie mischen. Mit Salz, Pfeffer und Muskat würzen. • Die Koteletts mit dem Gemüse servieren.

Überbackene Kasselerkoteletts ✓

im Bild rechts

Zutaten für 4 Personen:
4 Kasselerkoteletts mit Knochen (je etwa 200 g) oder Schweinekoteletts
weißer Pfeffer, frisch gemahlen
50 g Butterschmalz
2 mittelgroße Bananen · mildes Currypulver · 2 Eßl. Mandelblättchen · 4 Eßl. mittelalter Gouda, frisch gerieben
250 ml fertige Sauce hollandaise (Fertigprodukt aus dem Glas oder Becher)

Blitzrezept • Für Ungeübte

Pro Portion etwa:
2900 kJ/690 kcal
Zubereitungszeit: 30 Minuten

Den Backofen auf 200–220° (Gas: Stufe 3–4) vorheizen.
• Die Koteletts von beiden Seiten mit Pfeffer würzen. In einer Pfanne das Butterschmalz erhitzen und die Koteletts von jeder Seite 5–6 Minuten braten. • Die Bananen schälen, in Scheiben schneiden. Das Fleisch in eine flache Auflaufform legen und mit den Bananenscheiben belegen. Mit Currypulver würzen, die Mandelblättchen und den Käse darüber streuen. Auf dem Rost im Backofen (Mitte) in 8–10 Minuten überbacken.
• Inzwischen die Sauce hollandaise in einem Topf unter Rühren erwärmen und mit Currypulver würzen. • Mit Reis oder Stangenbrot servieren.

Variante: Sie können die Koteletts auch mit je 1 Scheibe Ananas oder 1/2 Pfirsich aus der Dose belegen.

Gefülltes Schweinefilet

Zutaten für 4 Personen:
1 Eßl. Butterschmalz
400 g Schweinemett · 1 Päckchen tiefgefrorene Petersilie
1 Schweinefilet (etwa 600 g; vom Metzger eine Tasche einschneiden lassen) · weißer Pfeffer, frisch gemahlen
2 Eßl. Mehl · 1 Eßl. mildes Paprikapulver · je 1 rote, gelbe und grüne Paprikaschote
150 g Zwiebeln · 200 g Sahne
Salz

Gelingt leicht

Pro Portion etwa:
3400 kJ/810 kcal
Zubereitungszeit: 55 Minuten

Das Butterschmalz in einen Bräter geben und im Backofen (unten) bei 180–200° (Gas: Stufe 2 1/2–3) erhitzen. • Inzwischen das Mett mit der Petersilie mischen und das Schweinefilet damit füllen. Von außen mit Pfeffer würzen. Das Mehl mit dem Paprika mischen. Das Filet darin wälzen und in das Butterschmalz legen. Zugedeckt im Backofen etwa 10 Minuten braten. • Inzwischen die Paprikaschoten waschen, halbieren, vom Stielansatz, den Kernen und Trennwänden befreien und in grobe Stücke schneiden. Die Zwiebeln schälen und ebenfalls in grobe Stücke schneiden. Das Fleisch wenden und die Paprika- und Zwiebelstücke hinzufügen und etwa 15 Minuten mitschmoren lassen. Dann das Fleisch ohne Deckel in weiteren 5–10 Minuten braun braten. • Das Fleisch herausnehmen und warm stellen. Das Paprikagemüse mit der Sahne mischen und 2–3 Minuten auf der Kochstelle bei schwacher Hitze köcheln lassen. Mit Salz und Pfeffer würzen. Das Fleisch aufschneiden und mit der Sauce servieren.

Mein Tip: Dazu können Sie einen gemischten Salat oder gedünstete Möhren mit viel frischer Petersilie und Reis reichen.

Feine Fischgerichte mit Kartoffeln

Als Auflauf oder auf klassische Art

Kabeljau-Auflauf

im Bild links

Zutaten für 4 Personen:
800 g Kartoffeln · 800 g Lauch
40 g Butter · 2 Eßl. Mehl
3/8 l Milch · Salz · weißer Pfeffer, frisch gemahlen
Muskatnuß, frisch gerieben
600 g Fischfilet (Kabeljau oder Seelachs) · Saft von 1 Zitrone
Für die Form: Butter

Preiswert

Pro Portion etwa:
1900 kJ/450 kcal
Zubereitungszeit: 55 Minuten

Die Kartoffeln waschen und in der Schale knapp mit Wasser bedeckt in 20–25 Minuten garen. • Inzwischen den Lauch putzen, gründlich waschen und in etwa 1 cm breite Ringe schneiden. Die Butter in einem Topf erhitzen und den Lauch darin bei mittlerer Hitze 2–3 Minuten anbraten. Das Mehl über den Lauch stäuben und anschwitzen. Die Milch unterrühren, aufkochen lassen und mit Salz, Pfeffer und Muskat würzen. Den Lauch beiseite stellen. • Den Backofen auf 180–200° (Gas: Stufe 2 1/2–3) vorheizen. • Den Fisch kalt abspülen, trockentupfen, mit dem Zitronensaft beträufeln und salzen. • Die Kartoffeln pellen, in Scheiben schneiden und mit dem Lauch mischen. • Eine Auflaufform einfetten. Die Hälfte des Kartoffel-Lauch-Gemisches in die Form geben. Den Fisch darauf legen und mit dem restlichen Gemüse bedecken. Auf dem Rost im Backofen (unten) in 20–25 Minuten garen.

Matjes mit Pellkartoffeln ✓

im Bild rechts

Zutaten für 4 Personen:
1 kg neue Kartoffeln
100 g Mayonnaise
150 g Joghurt (3,5% Fett)
200 g saure Sahne
2 Teel. Tomatenketchup
2 Teel. geriebener Meerrettich aus dem Glas · Saft von 1/2 Zitrone · Zucker · Salz
weißer Pfeffer, frisch gemahlen · 100 g rote Zwiebeln
100 g Gewürzgurken
250 g säuerliche Äpfel
800 g milde Matjesfilets ohne Haut · 1/2 Päckchen tiefgefrorene Petersilie

Blitzrezept • Preiswert

Pro Portion etwa:
3800 kJ/900 kcal
Zubereitungszeit: 30 Minuten

Die Kartoffeln waschen und in der Schale knapp mit Wasser bedeckt in 20–25 Minuten garen. • Inzwischen die Mayonnaise mit dem Joghurt, der sauren Sahne, dem Ketchup, dem Meerrettich und dem Zitronensaft verrühren. Mit Zucker, Salz und Pfeffer würzen. • Die Zwiebeln schälen und in sehr feine Ringe schneiden. Die Gewürzgurken in sehr feine Würfel schneiden. Die Äpfel schälen, vierteln, vom Kerngehäuse befreien und in feine Scheiben schneiden. • Die Zwiebelringe, die Gurkenwürfel und die Apfelscheiben mit der Marinade mischen. Die Matjesfilets auf einer Platte oder in einer Schüssel anrichten, mit der Sauce mischen und kalt stellen. • Die Kartoffeln abgießen, pellen, mit der Petersilie bestreuen und zu den Matjesfilets servieren.

Schollenfilets raffiniert zubereitet

Dazu paßt Reis oder Salzkartoffeln

Schollenfiletröllchen mit Sauce béarnaise

im Bild links

Zutaten für 4 Personen:
2 Eßl. weiche Butter
750 g Schollenfilets · Saft von
1 Zitrone · Salz · 8 mittelgroße
Tomaten · weißer Pfeffer,
frisch gemahlen · 250 ml Sauce
béarnaise (Fertigprodukt aus
dem Glas) · 1 Bund Dill (oder
1 Päckchen tiefgefrorener)

Blitzrezept
Mit Mikrowelle

Pro Portion etwa:
1400 kJ/330 kcal
Zubereitungszeit: 20 Minuten

Eine mikrowellengeeignete Auflaufform mit Deckel mit der Hälfte der Butter einfetten. • Die Schollenfilets säubern, trockentupfen und je nach Größe ein- bis zweimal der Länge nach durchschneiden. Mit dem Zitronensaft beträufeln und salzen. Die Schollenfilets aufrollen und in die Auflaufform geben. • Die Tomaten waschen, von den Stielansätzen befreien und kreuzweise einschneiden. Die Tomaten zwischen die Fischröllchen setzen und mit etwas Salz und Pfeffer würzen. • Die Sauce über die Schollenfilets gießen. Die restliche Butter in kleinen Flöckchen auf den Tomaten verteilen. • Den Fisch zugedeckt bei Mikrowellenleistung 600 Watt in 6–8 Minuten garen. • Den Dill waschen, trockenschütteln und kleine Zweige abzupfen. • Die Schollenfiletröllchen mit den Dillzweigen garnieren oder mit dem tiefgefrorenen Dill bestreuen.

Konventionelle Zubereitung: Die Form mit den Röllchen und den Tomaten im vorgeheizten Backofen (unten) bei 200–220° (Gas: Stufe 3–4) in 25–30 Minuten garen.

Gebratene Schollenfilets

im Bild rechts

Zutaten für 4 Personen:
100 g Zwiebeln · 60 g Butter
500 g tiefgefrorene Champi-
gnons · 750 g Schollenfilets
Saft von 1 Zitrone · Salz · weißer
Pfeffer, frisch gemahlen
60 g Semmelbrösel · 1 Päckchen
tiefgefrorener Dill · 2 Eier
1 Eßl. Maiskeimöl · 1 Zitrone

Gelingt leicht

Pro Portion etwa:
1700 kJ/400 kcal
Zubereitungszeit: 35 Minuten

Die Zwiebeln schälen und fein hacken. Etwa 20 g von der Butter in einem Topf schmelzen lassen und die Zwiebeln darin bei mittlerer Hitze braten. Die unaufgetauten Champignons hinzufügen und bei mittlerer Hitze so lange dünsten, bis die Hälfte der Flüssigkeit verdampft ist. • Inzwischen die Schollenfilets säubern, mit dem Zitronensaft beträufeln und von beiden Seiten mit Salz und Pfeffer würzen. • Die Semmelbrösel mit dem Dill mischen. Die Eier aufschlagen, verquirlen, die Fischfilets darin wenden und abtropfen lassen. Dann in den Semmelbröseln wenden und die Panade fest andrücken. • Die restliche Butter mit dem Öl in einer großen Pfanne erhitzen und die Schollenfilets darin von jeder Seite bei mittlerer Hitze 2–3 Minuten braten. • Die Zitrone heiß abwaschen, abtrocknen und in dünne Scheiben schneiden. • Den Fisch mit der Zitrone und den Champignons servieren.

Mein Tip: Tiefgefrorene Schollenfilets sollten Sie zuerst auftauen lassen. In der Mikrowelle sind etwa 750 g bei 90–180 Watt in 14–18 Minuten angetaut. Anschließend sollten die Filets 10–15 Minuten ruhen, bevor sie weiterverarbeitet werden.

Kabeljau mit Speck

Kräuter der Provence sorgen für das Aroma

Zutaten für 4 Personen:
200 g Zwiebeln · 2 Knoblauchzehen · 3 Eßl. Olivenöl
1/4 l Gemüsebrühe · 1 küchenfertiger Kabeljau ohne Kopf (etwa 1,2–1,4 kg) · Saft von 1 Zitrone · Salz · 1 kg große Tomaten · 600 g Zucchini
6 dünne Scheiben durchwachsener Speck · 200 g Sahne
2–3 Eßl. heller Saucenbinder
weißer Pfeffer, frisch gemahlen
Kräuter der Provence (in Öl eingelegt oder getrocknet)

Gelingt leicht

Pro Portion etwa:
2900 kJ/690 kcal
Zubereitungszeit: 45 Minuten

Den Backofen auf 180–200° (Gas: Stufe 2 1/2–3) vorheizen. • Die Zwiebeln und die Knoblauchzehen schälen. Die Zwiebeln in Ringe schneiden. Das Öl in einem Bräter erhitzen und die Zwiebeln darin glasig braten. Die Koblauchzehen durch die Presse dazudrücken. Die Hälfte der Gemüsebrühe hinzufügen, einmal aufkochen und von der Kochstelle nehmen. • Den Kabeljau von innen und außen kalt abspülen, trockentupfen, mit dem Zitronensaft beträufeln und innen und außen leicht salzen. Den Fisch auf die Zwiebeln in den Bräter legen. Zugedeckt auf dem Rost im Backofen (unten) etwa 15 Minuten garen. • Inzwischen die Tomaten kreuzweise einschneiden, mit kochendem Wasser überbrühen und häuten. Die Zucchini waschen, von den Stiel- und Blütenansätzen befreien und würfeln. • Die ganzen Tomaten und die Zucchiniwürfel um den Fisch verteilen und weitere 10 Minuten garen. Den Fisch mit dem Speck belegen und offen in 10–15 Minuten fertigbraten. • Den Kabeljau aus dem Bräter nehmen, auf einer Platte anrichten und warm stellen. • Das Gemüse mit der Sahne und dem Saucenbinder verrühren und auf der Kochstelle einmal aufkochen. Mit Salz, Pfeffer und Kräutern der Provence würzen.

Seefischfilets mit Gemüse

Schmecken mit Reis oder Kartoffeln

Fischfilet in Champignon-Dill-Sauce

im Bild links

Zutaten für 4 Personen:
500 g kleine Champignons
30 g Butter · 600 g Fischfilet
(Kabeljau, Seelachs oder Gold-
barschfilet) · Saft von 1 Zitrone
Salz · 400 ml Fischfond oder
200 ml Weißwein und
200 ml Wasser · 30 g Mehl
200 g Sahne · 1 Bund Dill (oder
1 Päckchen tiefgefrorener)
weißer Pfeffer, frisch gemahlen
1 Spritzer Worcestersauce

Blitzrezept · Gelingt leicht

Pro Portion etwa:
1700 kJ/400 kcal
Zubereitungszeit: 25 Minuten

Die Champignons waschen. Die Butter in einem Topf erhitzen und die Champignons darin bei mittlerer Hitze 4–6 Minuten braten, bis sie leicht gebräunt sind. • Das Fischfilet säubern, in breite Streifen schneiden, mit der Hälfte des Zitronensaftes beträufeln und salzen. • Den Fischfond oder die Mischung aus Wein und Wasser zu den Champignons geben, einmal aufkochen lassen und den Fisch hineinlegen. Bei schwacher Hitze in 8–10 Minuten garen. • Das Mehl mit der Sahne verrühren. Den Dill waschen, trockenschütteln, von den Stielen zupfen und fein hacken. • Den Fisch vorsichtig aus dem Topf nehmen und warm stellen. Den Fond mit der Sahne verrühren. Einmal aufkochen lassen, den Fisch wieder hinzufügen. Mit dem restlichen Zitronensaft, dem Dill, Salz, Pfeffer und der Worcestersauce kräftig würzen.

Fischpfanne mit Sojabohnenkeimlingen

im Bild rechts

Zutaten für 4 Personen:
600 g Goldbarsch- oder Rot-
barschfilet · Saft von ½ Zitrone
5 Eßl. Sojasauce · Salz
300 g Lauch · 2 rote Paprika-
schoten · 300 g Staudensellerie
3 Eßl. Maiskeimöl
400 ml Fischfond · 150 g Soja-
bohnenkeimlinge · 1 gehäufter
Eßl. Speisestärke
weißer Pfeffer, frisch gemahlen
1 Prise Zucker · 2 Eßl. tief-
gefrorene Schnittlauchröllchen

Raffiniert

Pro Portion etwa:
1200 kJ/290 kcal
Zubereitungszeit: 35 Minuten

Den Fisch säubern, in mundgerechte Stücke schneiden. Den Zitronensaft, die Sojasauce und Salz verrühren und den Fisch darin marinieren. • Den Lauch putzen, gründlich waschen und in Ringe schneiden. Die Paprikaschoten waschen, halbieren, vom Stielansatz, den Kernen und den Trennwänden befreien und in Streifen schneiden. Den Staudensellerie putzen und in feine Streifen schneiden. • Das Öl erhitzen und das Gemüse darin bei mittlerer Hitze etwa 2 Minuten anbraten. Mit dem Fischfond aufgießen und bei schwacher Hitze etwa 5 Minuten köcheln lassen. • Die Fischstücke dazugeben und etwa 10 Minuten im Fischfond ziehen lassen. • Die Sojabohnenkeimlinge waschen und abtropfen lassen. Die Speisestärke in etwas Wasser anrühren. Beides vorsichtig mit dem Fisch und dem Gemüse mischen und einmal aufkochen. Mit Salz, Pfeffer, dem Zucker und dem Schnittlauch würzen.

Eier in pikanten Saucen

Mit kleinen Abwandlungen verändert sich der Geschmack

Senfeier ✓

im Bild links

Zutaten für 4 Personen:
8 Eier · 30 g Butter · 30 g Mehl
3/8 l Fleischbrühe · 250 g Crème fraîche · 2 gehäufte Eßl. Dijonsenf (ersatzweise mittelscharfer Senf) · Salz · weißer Pfeffer, frisch gemahlen
1 Eßl. Worcestersauce

Preiswert • Blitzrezept

Pro Portion etwa:
2100 kJ/500 kcal
Zubereitungszeit: 20 Minuten

Die Eier 6–8 Minuten kochen, kalt abschrecken und pellen. • Inzwischen die Butter erhitzen und das Mehl darin anschwitzen. Die Brühe und die Crème fraîche unterrühren und bei schwacher Hitze etwa 5 Minuten köcheln lassen, dabei gelegentlich umrühren. • Die Sauce mit dem Senf, Salz, Pfeffer und der Worcestersauce würzen. Die Eier in der Sauce servieren.

Kräutereier ✓

im Bild Mitte

Zutaten für 4 Personen:
8 Eier · 30 g Butter · 30 g Mehl
3/8 l Fleischbrühe · 200 g Sahne
3 Päckchen tiefgefrorene Kräuter (zum Beispiel Petersilie, Schnittlauch, Basilikum oder gemischte Kräuter) · Salz
weißer Pfeffer, frisch gemahlen
1 Eßl. Zitronensaft

Für Ungeübte • Blitzrezept

Pro Portion etwa:
1700 kJ/400 kcal
Zubereitungszeit: 20 Minuten

Die Eier 6–8 Minuten kochen, kalt abschrecken und pellen. • Inzwischen die Butter erhitzen und das Mehl darin anschwitzen. Die Brühe und die Sahne unterrühren und bei mittlerer Hitze etwa 5 Minuten kochen lassen, dabei gelegentlich umrühren. • Die Eier in eine Servierschüssel geben. Die Sauce mit den Kräutern, Salz, Pfeffer und dem Zitronensaft würzen und über die Eier gießen.

Eier in Käsesauce ✓

im Bild rechts

Zutaten für 4 Personen:
8 Eier · 30 g Butter · 30 g Mehl
1/4 l Fleischbrühe · 1/4 l Milch
200 g geriebener Käse (zum Beispiel Emmentaler, Gouda oder gemischter Käse)
200 g gekochter Schinken
Salz · weißer Pfeffer, frisch gemahlen · 1 Eßl. Zitronensaft

Gelingt leicht • Blitzrezept

Pro Portion etwa:
2100 kJ/500 kcal
Zubereitungszeit: 25 Minuten

Die Eier 6–8 Minuten kochen, kalt abschrecken und pellen. • Inzwischen die Butter erhitzen und das Mehl darin anschwitzen. Die Brühe und die Milch einrühren. Den Käse dazugeben. Die Sauce bei mittlerer Hitze etwa 5 Minuten kochen lassen, dabei gelegentlich umrühren. Den Schinken fein würfeln und in die Sauce geben. Mit Salz, Pfeffer und dem Zitronensaft würzen. Die Sauce über die Eier in einer Schüssel gießen.

Mein Tip: Am besten schmecken zu allen drei Gerichten Salzkartoffeln, die Sie leicht im Schnellkochtopf kochen können, während die Sauce zubereitet wird. Etwa 750 g mittelgroße Kartoffeln reichen für 4 Personen und sind in 6–8 Minuten gar.

Gemüse mit Ei

Gebraten oder im Auflauf

Schmorgurken mit Ei

im Bild links

Zutaten für 4 Personen:
1,2 kg Schmorgurken
100 g Zwiebeln · 3 Eßl. Butter
1 Eßl. Mehl · 250 g Sahne
400 g Tomaten · je 1 Bund Schnittlauch und Basilikum (oder je 1 Päckchen tiefgefrorenes) · Salz · Zucker · weißer Pfeffer, frisch gemahlen · 1 Eßl. mittelscharfer Senf · Saft von 1/2 Zitrone · 4–8 Eier

Ganz einfach

Pro Portion etwa:
2100 kJ/500 kcal
Zubereitungszeit: 35 Minuten

Die Gurken schälen, der Länge nach halbieren und die Kerne mit dem Löffel herausschaben. Die Gurkenhälften quer in Streifen schneiden. • Die Zwiebeln schälen und fein hakken. Etwa 2 Eßlöffel Butter erhitzen und die Zwiebeln darin bei mittlerer Hitze glasig braten. • Die Gurken hinzufügen, das Mehl darüber stäuben und die Sahne unter Rühren dazugießen. Bei mittlerer Hitze etwa 10 Minuten köcheln lassen. • Die Tomaten oben kreuzweise einschneiden, mit kochendem Wasser überbrühen, häuten, vierteln und dabei die Kerne herauslösen. • Den Schnittlauch und das Basilikum waschen und trockenschütteln. Den Schnittlauch in Röllchen und das Basilikum in feine Streifen schneiden. • Die Tomaten zu den Gurken geben und bei schwacher Hitze etwa 5 Minuten schmoren lassen. • Das Gemüse mit Salz, Zucker, Pfeffer, dem Senf, dem Zitronensaft, dem Schnittlauch und dem Basilikum würzen. • Die restliche Butter in einer Pfanne zerlassen. Die Eier (Anzahl nach Belieben) hineinschlagen und bei mittlerer Hitze zu Spiegeleiern braten. Mit Salz und Pfeffer würzen und mit dem Gemüse servieren.

Mungobohnenauflauf

im Bild rechts

Zutaten für 4 Personen:
500 g Mungobohnen (aus dem Glas) · 400 g Lauch
200 g Staudensellerie
150 g Schinkenspeck
1 Eßl. Butter · 1 Bund Schnittlauch (oder 1 Päckchen tiefgefrorener) · 200 g Sahne
6 Eier · Salz · weißer Pfeffer, frisch gemahlen
Muskatnuß, frisch gerieben
1 1/2 Eßl. mittelscharfer Senf
100 g geriebener Emmentaler
Für die Form: Butter

Raffiniert

Pro Portion etwa:
2600 kJ/620 kcal
Zubereitungszeit: 1 Stunde

Die Mungobohnen abtropfen lassen. Den Lauch und den Sellerie putzen und gründlich waschen. Den Lauch in feine Ringe, den Sellerie in feine Streifen schneiden. • Den Schinkenspeck fein würfeln. Die Butter in einer großen Pfanne erhitzen und den Schinkenspeck darin bei mittlerer Hitze auslassen. • Den Sellerie darin 2–3 Minuten anbraten. Dann den Lauch dazugeben und bei mittlerer Hitze in 1–2 Minuten bißfest garen. Die Mungobohnen untermischen und erhitzen. • Eine große Auflaufform einfetten. Das Gemüse einfüllen. • Den Schnittlauch waschen, trockenschütteln und in Röllchen schneiden. Mit der Sahne und den Eiern verrühren. Mit Salz, Pfeffer, Muskat und dem Senf würzen. Die Eiersahne über das Gemüse gießen und mit dem Käse bestreuen. • Im Backofen (unten) bei 200–220° (Gas: Stufe 3–4) 25–30 Minuten überbacken. Den Backofen ausschalten und den Auflauf darin 5–10 Minuten ruhen lassen. Dann in Stücke schneiden und servieren.

Raffinierte Gemüsegerichte ohne Fleisch

Während der Auflauf überbacken wird, können Sie die Zeit für andere Arbeiten nutzen

Möhren-Zucchini-Topf

im Bild links

Zutaten für 4 Personen:
1 l Gemüsebrühe · 150 g Bulgur
1 Bund Petersilie · 300 g Lauch
500 g Möhren · 300 g Zucchini
1 Eßl. Butter · 250 g Crème fraîche · Meersalz
weißer Pfeffer, frisch gemahlen

Vollwertrezept

Pro Portion etwa:
1900 kJ/450 kcal
Zubereitungszeit: 35 Minuten

Etwa 3/4 Liter von der Brühe zum Kochen bringen. Den Bulgur in der Brühe bei mittlerer Hitze 15–20 Minuten quellen lassen. • Inzwischen die Petersilie waschen, trockenschütteln und fein hacken. Den Lauch putzen, gründlich waschen und in feine Ringe schneiden. Die Möhren schälen und in dünne Scheiben schneiden (schnell geht's mit einer Küchenmaschine oder einem Gurkenhobel). Die Zucchini waschen, von den Stiel- und Blütenansätzen befreien und ebenfalls in Scheiben schneiden. • Die Butter in einem Topf erhitzen. Den Lauch und die Möhren darin bei mittlerer Hitze etwa 5 Minuten braten. Die Zucchinischeiben mit der restlichen Brühe zum Gemüse geben und alles 5–7 Minuten dünsten. • Den Bulgur mit der Crème fraîche mischen und vorsichtig unter das Gemüse heben. Mit Salz, Pfeffer und der Petersilie würzen.

Variante: Je nach Jahreszeit können Sie die verschiedensten Gemüsesorten kombinieren. Statt Zucchini schmecken auch Kohlrabi. Noch einfacher geht's, wenn Sie den Bulgur nur mit 250 g gedünsteten Zwiebeln und 1 Dose geschälten Tomaten (etwa 800 g) mischen und würzen.

Cremiger Gemüseauflauf

im Bild rechts

Zutaten für 4 Personen:
1 kg Egerlinge · Saft von 1 Zitrone · 50 ml Wasser · 1 kg Lauch
2 Eßl. Butter · 600 g Sahne
500 g Tomaten · Meersalz
weißer Pfeffer, frisch gemahlen
2 Eßl. Olivenöl · 50 g mittelalter Gouda oder 2 Eßl. Parmesan, frisch gerieben
Für die Form: Butter

Vollwertrezept

Pro Portion etwa:
3000 kJ/710 kcal
Zubereitungszeit: 55 Minuten

Die Egerlinge waschen und in etwa 1 cm breite Scheiben schneiden. Den Zitronensaft und das Wasser erhitzen und die Egerlinge darin bei mittlerer Hitze dünsten, bis die ganze Flüssigkeit verdampft ist. • Inzwischen den Lauch putzen, gründlich waschen und in etwa 1 cm breite Streifen schneiden. Die Butter in einem Topf erhitzen und den Lauch darin zugedeckt bei mittlerer Hitze in etwa 5 Minuten bißfest dünsten. • Die Sahne zu den Egerlingen geben und bei mittlerer Hitze dick einkochen lassen. • Den Backofen auf 160–180° (Gas: Stufe 2–2 1/2) vorheizen. Eine Auflaufform einfetten. • Die Tomaten oben kreuzweise einritzen, mit kochendem Wasser überbrühen, häuten und ohne die Stielansätze je nach Größe vierteln oder achteln. • Das Öl erhitzen und die Tomaten darin bei mittlerer Hitze etwa 1–2 Minuten dünsten und mit Salz und Pfeffer würzen. • Den Lauch salzen, pfeffern und in die Form geben. Die Egerlinge darauf verteilen und die Tomaten darüber geben. Mit dem Käse bestreuen und im Backofen (Mitte) 15–20 Minuten backen. Schmeckt als Beilage zu Kurzgebratenem. Die Menge reicht dann für 6–8 Personen.

Blumenkohl – eine beliebte Beilage

Dazu schmeckt ein gebratenes Kotelett, Spiegel- oder Rührei

Blumenkohl mit Butterbröseln

im Bild links

Zutaten für 4 Personen:
1 kg Blumenkohl · 1/2 l Milch
1/2 l Wasser · 1 Teel. Salz · 4 Eßl.
Butter · 6 Eßl. Semmelbrösel
weißer Pfeffer, frisch gemahlen
Muskatnuß, frisch gerieben

Für Ungeübte

Pro Portion etwa:
1000 kJ/240 kcal
Zubereitungszeit: 40 Minuten

Vom Blumenkohl die äußeren Blätter entfernen, den Strunk kürzen und kreuzweise einschneiden. Den Blumenkohl gründlich waschen. • Die Milch mit dem Wasser und dem Salz zum Kochen bringen. Den Blumenkohl darin zugedeckt bei schwacher Hitze in 20–25 Minuten weich kochen. Etwa 5 Minuten vor dem Ende der Garzeit die Butter in einem Topf zerlassen und die Semmelbrösel darin goldbraun braten. • Den Blumenkohl auf der Schaumkelle abtropfen lassen und auf einen großen Teller geben. Mit Salz, Pfeffer und Muskat würzen und die Butterbrösel darüber gießen.

Mein Tip: Im Schnellkochtopf wird der Blumenkohl in 8–10 Minuten gar. Dazu reichen Sie pro Person 1–2 Spiegeleier oder Rührei mit Schnittlauch (Rezept Seite 23).

Variante: Blumenkohl in Sahnesauce. Den Blumenkohl wie oben beschrieben zubereiten. Von der Kochflüssigkeit etwa 1/4 Liter abnehmen. Für die Sauce 30 g Butter erhitzen und 30 g Mehl darin anschwitzen. Mit dem Blumenkohlwasser und 125 g Sahne aufgießen und verrühren. 2 Eigelb unterschlagen. Mit Salz, Pfeffer, Muskat und 2 Eßlöffeln Schnittlauchröllchen würzen.

Blumenkohl-Erbsen-Auflauf

im Bild rechts

Zutaten für 4 Personen:
600 g tiefgefrorener Rahmblumenkohl · 300 g tiefgefrorene Erbsen · 200 g Sahne
250 g gekochter Schinken
5 Eier · 1 Päckchen tiefgefrorener Schnittlauch · 1 Päckchen tiefgefrorene Petersilie · Salz
weißer Pfeffer, frisch gemahlen
Muskatnuß, frisch gerieben
100 g Emmentaler oder mittelalter Gouda, frisch gerieben

Gelingt leicht • Blitzrezept

Pro Portion etwa:
2800 kJ/670 kcal
Zubereitungszeit: 25 Minuten

Den Backofen auf 200–220° (Gas: Stufe 3–4) vorheizen. Den tiefgefrorenen Blumenkohl mit 1/4 l Wasser in einem Kochtopf aufkochen. Dann etwa 3 Minuten bei mittlerer Hitze köcheln lassen, dabei mehrmals umrühren. • Die tiefgefrorenen Erbsen dazugeben. Die Sahne untermischen. Das Gemüse unter häufigem Umrühren bei mittlerer Hitze in etwa 5 Minuten bißfest garen. • Inzwischen den Schinken fein würfeln. Die Eier aufschlagen und verquirlen. • Das Gemüse mit dem Schinken, den Eiern, dem Schnittlauch und der Petersilie mischen. Mit Salz, Pfeffer und Muskat würzen. In eine Auflaufform füllen und mit dem Käse bestreuen. • Im Backofen (unten) in 15–20 Minuten goldgelb backen.

Mein Tip: Statt Rahmblumenkohl können Sie tiefgefrorenen Blumenkohl ohne Sauce verwenden. Bereiten Sie eine Béchamelsauce aus 30 g Butter, 30 g Mehl, 3/8 l Brühe und den im Rezept angegebenen 200 g Sahne zu oder rühren Sie nur die Sahne unter. Den Auflauf wie beschrieben fertiggaren.

Chicorée mal ganz anders

Schmeckt als Hauptgericht oder Beilage

Chicorée süß-sauer

im Bild links

Zutaten für 4 Personen:
- 2 rote milde Peperoncini
- 1 kg Chicorée · 60 g Butter
- 1 Teel. Puderzucker · Saft von ½ Zitrone · 600 g Champignons
- weißer Pfeffer, frisch gemahlen
- 3 Eßl. Ahornsirup · 1 Prise Salz

Raffiniert

Pro Portion etwa:
800 kJ/190 kcal
Zubereitungszeit: 35 Minuten

Die Peperoncini in feine Streifen schneiden, dabei die Kerne entfernen. Den Chicorée waschen, putzen, der Länge nach halbieren, den bitteren Kern keilförmig herausschneiden und die Stauden in etwa 2 cm breite Stücke schneiden. • Die Hälfte der Butter im Topf erhitzen. Den Puderzucker darin bei mittlerer Hitze leicht karamelisieren lassen. Den Chicorée dazugeben, mit dem Zitronensaft mischen und bei schwacher Hitze 6–8 Minuten dünsten. • Inzwischen die Champignons waschen und in Scheiben schneiden. Die restliche Butter in einer Pfanne erhitzen und die Champignons bei starker Hitze anbraten. • Den Chicorée mit den Campignons und den Peperoncini mischen. Mit Pfeffer, dem Ahornsirup und dem Salz würzen.

Mein Tip: Der so zubereitete Chicorée schmeckt mit Reis oder Vollkornbrot. Er paßt aber auch zu kurzgebratenem Geflügel. Als Beilage reicht die Hälfte der angegebenen Zutaten.

Chicorée mit Tomaten

im Bild rechts

Zutaten für 4 Personen:
- 4 Stauden Chicorée (je etwa 200 g) · Salz · Saft von ½ Zitrone · 400 g Tomaten
- 4 große Scheiben gekochter Schinken · 125 g Kräuter-Crème-fraîche · weißer Pfeffer, frisch gemahlen
- 80 g mittelalter Gouda, frisch gerieben
- Für die Form: Butter

Für Ungeübte

Pro Portion etwa:
1300 kJ/310 kcal
Zubereitungszeit: 35 Minuten

Den Chicorée putzen und den bitteren Kern keilförmig herausschneiden. • Die Stauden in reichlich kochendem Salzwasser mit dem Zitronensaft bei schwacher Hitze 6–8 Minuten vorgaren. • Inzwischen die Tomaten waschen, von den Stielansätzen befreien und in Scheiben schneiden. Den Schinken mit der Kräuter-Crème-fraîche bestreichen. Den Backofen auf 180–200° (Gas: Stufe 2½–3) vorheizen. • Die Chicoréestauden vorsichtig aus dem Wasser heben und abtropfen lassen. Eine Auflaufform einfetten. • Je 1 Chicoréestaude mit 1 Scheibe gekochtem Schinken umwickeln und in die Form legen. Die Tomaten darauf verteilen, mit Salz und Pfeffer würzen und den Käse darüber streuen. • Im Backofen (unten) 12–15 Minuten überbacken.

Variante: Statt gekochtem Schinken können Sie auch geräucherte Putenbrust verwenden. Diese dann mit Meerrettich-Crème-fraîche bestreichen.

Aufläufe, die im Handumdrehen gelingen

Mit halbfertigen Zutaten überhaupt kein Problem

Champignonauflauf

im Bild links

Zutaten für 4 Personen:
500 g Zwiebeln · 1 Knoblauchzehe · 2 Eßl. Butter · 4 Scheiben Weizen- oder Vollkorntoast
600 g tiefgefrorene Champignons (ersatzweise frische, geputzte) · 200 g Sahne
400 g Tomaten · 3 Eßl. heller Saucenbinder · Salz · weißer Pfeffer, frisch gemahlen
2 Eßl. Zitronensaft
1/2 Teel. gekörnte Brühe
50 g Emmentaler, frisch gerieben
Für die Form: Butter

Gelingt leicht • Blitzrezept

Pro Portion etwa:
1700 kJ/400 kcal
Zubereitungszeit: 30 Minuten

Die Zwiebeln und die Knoblauchzehe schälen. Die Zwiebeln in Ringe schneiden. Die Butter erhitzen und die Zwiebeln darin braten. Die Knoblauchzehe durch die Presse dazupressen. • Eine Auflaufform einfetten. Den Backofen auf 180–200° (Gas: Stufe 2 1/2–3) vorheizen. Die Toastscheiben toasten. • Die Champignons zu den Zwiebeln geben und bei mittlerer Hitze unter Rühren dünsten, bis sie aufgetaut sind. Die Sahne unterrühren und einmal aufkochen. Dann bei schwacher Hitze 3–5 Minuten köcheln lassen. • Die Tomaten waschen, von den Blütenansätzen befreien und in Scheiben schneiden.
• Den Saucenbinder unter die Champignons rühren und köcheln lassen, bis die Sauce gebunden ist. Mit Salz, Pfeffer, dem Zitronensaft und der Brühe würzen. • Die Form mit dem Toastbrot auslegen. Die Champignons darauf verteilen, die Tomaten darauf legen und den Käse darüber streuen. Den Auflauf im Backofen (unten) in 15–20 Minuten überbacken.

Sauerkrautauflauf

im Bild rechts

Zutaten für 4 Personen:
250 g Hörnchennudeln · Salz
4 Paar Wiener Würstchen
4 Eier · 200 g Sahne · weißer Pfeffer, frisch gemahlen
750 g Sauerkraut (aus der Dose fertig gegart) · 50 g Emmentaler
Für die Form: Butter

Preiswert

Pro Portion etwa:
2000 kJ/480 kcal
Zubereitungszeit:
45–50 Minuten

Die Nudeln in kochendem Salzwasser bißfest garen.
• Die Würstchen in Scheiben schneiden. Die Eier und die Sahne miteinander verschlagen. Mit Salz und Pfeffer würzen. Eine Auflaufform einfetten. Die Nudeln abgießen, kalt abschrecken und abtropfen lassen. • Die Nudeln, das Sauerkraut und die Würstchen abwechselnd in die Auflaufform schichten. Die oberste Schicht sollte aus Sauerkraut bestehen. Die Eiermilch darüber gießen. Den Käse direkt darüber reiben. • Im Backofen unten bei 180–200° (Gas: Stufe 2 1/2–3) in 25–30 Minuten backen.

Variante: Noch etwas schneller können Sie diesen Auflauf mit 400 g bereits gegarten Spätzle (Fertigprodukt) zubereiten. Statt mit Sahne und Eiern schmeckt's auch mit einer selbstgemachten Béchamelsauce (oder Fertigprodukt). Für die selbstgemachte Sauce 30 g Mehl in 30 g Butter anschwitzen und mit 1/2 l Milch ablöschen. Die Sauce 2–3 Minuten kochen lassen und mit Salz, Pfeffer, Kümmelpulver und 1 Spritzer Zitronensaft abschmecken.

So schmecken Nudeln immer wieder gut

Die Sauce gibt den Pfiff

Penne mit Auberginen

im Bild links

Zutaten für 4 Personen:
800 g Auberginen · 5 Eßl. Olivenöl · 3 Knoblauchzehen
50 g Parmesan
500 g passierte Tomaten
250 g Penne (kurze, dicke Nudeln) · Salz · 2 Bund Basilikum (oder 1 Teel. in Öl eingelegtes) · weißer Pfeffer, frisch gemahlen · 1 gehäufter Eßl. Crème fraîche

Preiswert • Blitzrezept

Pro Portion etwa:
1900 kJ/450 kcal
Zubereitungszeit: 30 Minuten

Die Auberginen waschen, trockentupfen, von den Stielansätzen befreien und in kleine Würfel schneiden. Das Öl in einem großen Topf erhitzen und die Auberginenwürfel unter mehrfachem Wenden bei mittlerer Hitze 5–7 Minuten braten. • Die Knoblauchzehen schälen und durch die Presse dazudrücken. • Den Parmesan reiben. Die Tomaten zu den Auberginen geben und bei schwacher Hitze 8–10 Minuten köcheln lassen, zwischendurch umrühren. • Die Nudeln in reichlich kochendem Salzwasser in 5–7 Minuten bißfest garen. • Inzwischen das Basilikum waschen, trockenschütteln, die Blätter von den Stielen zupfen, einige Blättchen zum Garnieren beiseite stellen, die restlichen in feine Streifen schneiden. Die Sauce mit den Basilikumstreifen, Salz und Pfeffer würzen. Die Nudeln abgießen, abschrecken, abtropfen lassen und in eine große Schüssel oder in Teller geben. Die Sauce darüber gießen und mit der Crème fraîche und den Basilikumblättchen garniert servieren.

Bandnudeln mit Schinken und Zwiebeln

im Bild rechts

Zutaten für 4 Personen:
250 g Bandnudeln · Salz
250 g geräucherter Schinkenspeck am Stück · 250 g Frühlings- oder Gemüsezwiebeln
1 Eßl. Butter · 4 Eier
100 g Sahne · weißer Pfeffer, frisch gemahlen · 100 g mittelalter Gouda, frisch gerieben

Für Ungeübte • Blitzrezept

Pro Portion etwa:
3100 kJ/740 kcal
Zubereitungszeit: 20 Minuten

Die Nudeln in reichlich kochendem Salzwasser in 5–7 Minuten bißfest garen. • Inzwischen den Schinkenspeck fein würfeln. Die Frühlings- oder Gemüsezwiebeln putzen oder schälen und in feine Ringe schneiden. • Die Nudeln abgießen, abschrecken und abtropfen lassen. • Den Schinkenspeck mit der Butter in einer Pfanne erhitzen und darin auslassen. Die Zwiebeln darin glasig braten. Die Eier mit der Sahne, Salz und Pfeffer verquirlen. • Die Nudeln mit dem Schinkenspeck und der Eiersahne in der Pfanne mischen. Den Käse darüber streuen und die Nudeln bei schwacher Hitze zugedeckt braten, bis die Eier gestockt sind und der Käse geschmolzen ist.

Mein Tip: Dazu reichen Sie eine Tomatensauce: 40 g Butter in einem Topf schmelzen und 2 geschälte, feingehackte Zwiebeln darin glasig braten. 1 Dose (etwa 800 g) geschälte Tomaten hinzufügen und 4–6 Minuten bei mittlerer Hitze köcheln lassen. Die Sauce salzen und pfeffern. 200–400 g Sahne oder 250 g Crème fraîche unterrühren und aufkochen.

Nudeln mit grünem Gemüse

Mit Eiersahne oder Gorgonzolasauce

Schleifennudeln mit Champignons und Erbsen ✓

im Bild links

Zutaten für 4 Personen:
300 g Schleifennudeln · Salz
150 g durchwachsener Speck
1 mittelgroße Zwiebel · 2 Knoblauchzehen · 1 Eßl. Butter
500 g tiefgefrorene Champignons (ersatzweise 500 g frische, geputzt) · 300 g tiefgefrorene Erbsen · 4 Eier
150 g Sahne · weißer Pfeffer, frisch gemahlen · Parmesan oder ein anderer Käse, frisch gerieben

Preiswert · Blitzrezept

Pro Portion etwa:
3500 kJ/830 kcal
Zubereitungszeit: 25 Minuten

Die Nudeln in reichlich sprudelnd kochendem Salzwasser bißfest garen. • Inzwischen den Speck sehr fein würfeln. Die Zwiebel und die Knoblauchzehen schälen und fein hacken. Den Speck in einer Pfanne bei mittlerer Hitze auslassen. Die Zwiebel, den Knoblauch und die Butter zum Speck geben und glasig braten. • Die tiefgefrorenen Champignons und Erbsen unterrühren und zugedeckt bei mittlerer Hitze 6–8 Minuten dünsten. • Die Eier mit der Sahne verschlagen und mit Salz und Pfeffer würzen. • Die Nudeln abgießen, kalt abschrecken, wieder in den Topf geben, mit der Eiersahne mischen und bei schwacher Hitze erwärmen und dabei stocken lassen. • Sollte das Gemüse sehr viel Flüssigkeit gebildet haben, diese abgießen. Die Gemüsemischung vorsichtig mit den Nudeln mischen. Je nach Wunsch mit Käse bestreuen oder den Käse getrennt servieren.

Nudeln mit Broccoli und Gorgonzalasauce ✓

im Bild rechts

Zutaten für 4 Personen:
500 g tiefgefrorener Broccoli
400 g Schleifen- oder Bandnudeln · Salz · 1 Knoblauchzehe
1 Eßl. Butter · 500 g Sahne
200 g Gorgonzola
50 g Parmesan, frisch gerieben

Blitzrezept • Gelingt leicht

Pro Portion etwa:
4300 kJ/1000 kcal
Zubereitungszeit: 30 Minuten

Den Broccoli eventuell zerkleinern, mit 100 ml Wasser in einen Topf geben und bei mittlerer Hitze in 12–14 Minuten garen. • Die Nudeln in sprudelnd kochendem Salzwasser bißfest garen. • Die Knoblauchzehe schälen. Die Butter in einem Topf erhitzen, die Knoblauchzehe durch die Presse dazudrücken und darin kurz anbraten. Mit der Sahne ablöschen und bei mittlerer Hitze köcheln lassen. • Den Gorgonzola in Würfel schneiden, mit dem geriebenen Parmesan in der Sahne auflösen und so lange bei schwacher Hitze erhitzen, bis die Sauce cremig ist. • Den Broccoli abtropfen lassen und vorsichtig mit der Sauce mischen. • Die Nudeln abgießen, kalt abschrecken, in eine große Servierschüssel oder Teller geben und mit der Broccoli-Käsesauce übergießen. Dazu paßt sehr gut Tomatensalat.

Mikrowellentip: Wer eine Mikrowelle hat, kann den Broccoli schneller garen. Den Broccoli mit 6 Eßlöffeln Wasser in ein mikrowellengeeignetes Geschirr geben und mit nassem Pergamentpapier abdecken. Zugedeckt bei Mikrowellenleistung 600 Watt in 8–10 Minuten garen.

Tortellini in beliebten Variationen

Tortellini – getrocknet oder vakuumverpackt – sollten immer im Vorrat sein

Thunfisch-Tortellini ✓

im Bild links

Zutaten für 4 Personen:
500 g luftgetrocknete Tortellini
Salz · 300 g Thunfisch naturell aus der Dose · 1/2 l Sauce hollandaise (Fertigprodukt aus dem Glas) · weißer Pfeffer, frisch gemahlen · 1 Eßl. Worcestersauce
1 Eßl. Zitronensaft · Estragon (in Öl eingelegt oder getrocknet)

Gelingt leicht • Blitzrezept

Pro Portion etwa:
3500 kJ/830 kcal
Zubereitungszeit: 25 Minuten

Die Tortellini in sprudelnd kochendem Salzwasser bißfest garen. • Den Thunfisch abtropfen lassen. Die Sauce hollandaise in einem Topf unter ständigem Rühren bei mittlerer Hitze erwärmen. • Den Thunfisch zerpflükken und bei schwacher Hitze in der Sauce hollandaise erwärmen. Mit Salz, Pfeffer, der Worcestersauce, dem Zitronensaft und Estragon würzen. • Die Tortellini abgießen, kalt abschrecken, abtropfen lassen und mit der Sauce vermischen.

Variante: Die Tortellini und die Sauce hollandaise wie oben beschrieben zubereiten. Statt Thunfisch 1 Dose geschälte Tomaten (etwa 400 g) abtropfen lassen. Die Tomaten ohne die Flüssigkeit dazugeben. Diese dann mit 8 gewaschenen, fein geschnittenen Sardellen, 12 halbierten, schwarzen Oliven ohne Kern, 3 Teelöffeln Kapern, Salz, Pfeffer und Basilikum abschmecken.

Tortellini mit Spinat ✓

im Bild rechts

Zutaten für 4 Personen:
500 g luftgetrocknete Tortellini
Salz · 600 g tiefgefrorener Blattspinat · 100 g Zwiebeln
2 Knoblauchzehen
1 Eßl. Butter
400 g Sahne · 3 Eßl. heller Saucenbinder · weißer Pfeffer, frisch gemahlen
Muskatnuß, frisch gerieben
2 Eßl. Zitronensaft

Preiswert • Blitzrezept

Pro Portion etwa:
3400 kJ/810 kcal
Zubereitungszeit: 20 Minuten

Die Tortellini in sprudelnd kochendem Salzwasser bißfest garen. • Den Blattspinat mit 1/8 l Wasser in einem Topf einmal aufkochen und dann bei mittlerer Hitze in 10–12 Minuten auftauen lassen. • Die Zwiebeln und die Knoblauchzehen schälen. Die Zwiebeln sehr fein hacken. Die Butter in einem Topf erhitzen und die Zwiebeln darin glasig braten. Die Knoblauchzehen durch die Presse zu den Zwiebeln drücken. • Die Sahne mit den Zwiebeln verrühren, einmal aufkochen und mit dem Saucenbinder binden. • Den Spinat und die Tortellini abtropfen lassen und mit der Sauce mischen. Mit Salz, Pfeffer, Muskat und dem Zitronensaft würzen.

Variante: Je nach Angebot in Ihrem Supermarkt können Sie auch frische Tortellini verwenden, die es häufig im Kühlregal in Folie eingeschweißt gibt. Statt des Spinats können Sie auch die gleiche Menge tiefgefrorenen Broccoli oder ein anderes Gemüse Ihrer Wahl zubereiten und wie oben beschrieben mit den Tortellini mischen.

Vorgegarte Spätzle mit Kräutern variiert

Die Spätzle sind entweder vom Vortag oder aus dem Kühlregal

Spätzle mit Paprika und Pesto

im Bild links

Zutaten für 4 Personen:
1 mittelgroße Zwiebel
2 Knoblauchzehen
600 g grüne Paprikaschoten
2 Eßl. Olivenöl · 1/8 l Fleischbrühe · 1/8 l Weißwein oder Fleischbrühe · 1 Bund Basilikum
800 g Spätzle (vorgegart)
3 Eßl. Pinienkerne
2 Eßl. Zitronensaft · Salz
Pfeffer, frisch gemahlen

Für Ungeübte • Blitzrezept

Pro Portion etwa:
2100 kJ/500 kcal
Zubereitungszeit: 30 Minuten

Die Zwiebel und die Knoblauchzehen schälen und sehr fein hacken. Die Paprikaschoten halbieren, waschen, vom Stielansatz, den Kernen und den Trennwänden befreien und in feine Würfel schneiden. • Das Olivenöl in einer Pfanne erhitzen und die Zwiebel mit den Knoblauchzehen darin glasig braten. Die Paprikawürfel hinzufügen und ebenfalls anbraten. Mit der Brühe und dem Wein ablöschen. Bei schwacher Hitze 4–5 Minuten dünsten. • Das Basilikum waschen, trockenschütteln, die Blätter von den Stielen zupfen, einige davon zum Garnieren beiseite stellen. Die restlichen Blätter fein hacken. • Die Spätzle mit den Paprikawürfeln mischen und bei schwacher Hitze 3–5 Minuten erwärmen. • Inzwischen die Pinienkerne mit der Mandelmühle mahlen oder mit dem Messer sehr fein hacken und mit dem gehackten Basilikum unter die Spätzle mischen. Mit dem Zitronensaft, Salz und Pfeffer würzen und mit den Balsilikumblättchen garniert servieren.

Kräuterspätzle mit Schinken und Eiern

im Bild rechts

Zutaten für 4 Personen:
250 g geräucherter Schinken
1 Knoblauchzehe · 2 Eßl. Butter
800 g Spätzle (vorgegart)
200 g Sahne · 4 Päckchen tiefgefrorene gemischte Kräuter
Salz · Muskatnuß, frisch gerieben · weißer Pfeffer, frisch gemahlen · 6 Eier

Blitzrezept • Gelingt leicht

Pro Portion etwa:
3800 kJ/900 kcal
Zubereitungszeit: 15 Minuten

Den Schinken fein würfeln. Die Knoblauchzehe schälen. Die Butter in einer Pfanne erhitzen und die Spätzle unter Rühren darin erwärmen. Die Sahne zu den Spätzle geben und die Kräuter daruntermischen. Mit Salz, Muskat und Pfeffer würzen. • Die Eier aufschlagen, verquirlen und mit den Spätzle in der Pfanne mischen. Bei schwacher Hitze unter ständigem Rühren so lange erwärmen, bis die Eier die Sauce gebunden haben. Mit einem grünen oder gemischten Salat servieren.

Varianten: Sehr pikant schmecken die Spätzle mit Käse. Geben Sie zusätzlich mit den Eiern 100 g geriebenen mittelalten Gouda oder Emmentaler dazu. Die Spätzle lassen sich je nach Geschmack immer wieder anders variieren, zum Beispiel mit 500 g gehäuteten Tomatenachteln. Statt Schinken nehmen Sie 300 g Thunfisch naturell oder gewürfeltes Cornedbeef aus der Dose.

Saftige Reisgerichte

Mit Leber oder Gemüse

Leber-Risotto

im Bild links

Zutaten für 4 Personen:
250 g Zwiebeln · 1 Knoblauchzehe · 3 Eßl. Maiskeimöl
250 g Langkornreis
1/2–3/4 l heiße Hühnerbrühe
600 g Jungrind- oder Schweineleber · 2 Eßl. Butter · Salz
weißer Pfeffer, frisch gemahlen
200 g Sahne · 2 Teel. Salbei (in Öl eingelegt oder getrocknet)
100 g Emmentaler, frisch gerieben

Preiswert

Pro Portion etwa:
3200 kJ/760 kcal
Zubereitungszeit: 35 Minuten

Die Zwiebeln und die Knoblauchzehe schälen und fein hacken. Das Öl in einem Topf erhitzen. Die Zwiebeln und den Knoblauch darin glasig anbraten. Den Reis zu den Zwiebeln geben und bei mittlerer Hitze unter Rühren glasig werden lassen. • 1/2 l Brühe angießen und bei starker Hitze im offenen Topf in 8–10 Minuten einkochen lassen, bis an der Reisoberfläche kleine Bläschen entstehen. Dabei gelegentlich umrühren. Dann zugedeckt bei schwacher Hitze in 10–12 Minuten quellen lassen, eventuell die restliche Brühe hinzufügen. • Den Backofen auf 200–220° (Gas: Stufe 3–4) vorheizen. • Inzwischen die Leber in mundgerechte Stücke schneiden. Die Butter in einer Pfanne erhitzen und die Leber darin bei mittlerer Hitze braun braten. Mit Salz und Pfeffer würzen. • Die Sahne mit Salz, Pfeffer und dem Salbei würzen. Den Reis, die Leber und die Sahne in einer Auflaufform vermischen. • Den Käse über den Reis streuen. Den Risotto im Backofen (unten) in 8–10 Minuten goldbraun überbacken.

Schnelles Nasi Goreng ✓

im Bild rechts

Zutaten für 4 Personen:
100 g Zwiebeln · 2 Knoblauchzehen · 3 Eßl. Olivenöl
250 g Langkornreis · 1/2 l heiße Hühnerbrühe · 1 gegrilltes Hähnchen · 120 g Krabbenfleisch aus der Dose
150 g gekochter Schinken
2 rote Pfefferschoten · 3 Eier
Salz · mildes Currypulver
weißer Pfeffer, frisch gemahlen
Muskatnuß, frisch gerieben
2 Päckchen tiefgefrorene Petersilie

Gelingt leicht • Blitzrezept

Pro Portion etwa:
2900 kJ/690 kcal
Zubereitungszeit: 30 Minuten

Die Zwiebeln und die Knoblauchzehen schälen. Die Zwiebeln in feine Ringe schneiden. Das Öl erhitzen und die Zwiebeln darin glasig braten. Die Knoblauchzehen durch die Presse zu den Zwiebeln drücken. Den Reis hinzufügen und unter Rühren glasig werden lassen. Mit der Brühe aufgießen und bei starker Hitze im offenen Topf in 8–10 Minuten einkochen lassen, bis an der Reisoberfläche kleine Bläschen entstehen. Dabei gelegentlich umrühren. Dann zugedeckt bei schwacher Hitze in 10–12 Minuten quellen lassen. • Inzwischen das Hähnchenfleisch von den Knochen lösen und kleinschneiden. Die Krabben abtropfen lassen. Den Schinken fein würfeln. Die Pfefferschoten halbieren, von den Kernen befreien und in sehr feine Stückchen schneiden. • Die Eier aufschlagen und verquirlen. Das Hähnchen, die Krabben, den Schinken und die Pfefferschoten unter den Reis mischen. Mit Salz, Currypulver, Pfeffer und Muskat würzen. Die Eier und die Petersilie unterrühren und dabei bei schwacher Hitze stocken lassen.

Sahnige Kartoffeln mit viel Kräutern

Dazu paßt Salat

Saure Sahne-Kartoffeln

im Bild links

Zutaten für 4 Personen:
1 kg Kartoffeln
140 g durchwachsener Speck
140 g Zwiebeln · 30 g Butter
30 g Mehl · 1/2 l Fleischbrühe
1 Bund Petersilie · 1/2 Bund Majoran · 1 Bund Schnittlauch (ersatzweise getrocknete oder tiefgefrorene Kräuter)
150 g saure Sahne
150 g Crème fraîche · Salz
weißer Pfeffer, frisch gemahlen

Preiswert

Pro Portion etwa:
2700 kJ/640 kcal
Zubereitungszeit: 40 Minuten

Die Kartoffeln waschen, in der Schale mit Wasser bedeckt in etwa 20 Minuten garen. Die Kartoffeln abgießen, noch heiß pellen und in Scheiben schneiden. • Inzwischen den Speck sehr fein würfeln. Die Zwiebeln schälen, sehr fein hacken. • Die Butter in einem großen Topf erhitzen und den Speck darin auslassen. Die Zwiebeln darin glasig braten. • Das Speck-Zwiebelgemisch mit dem Mehl bestäuben und anschwitzen. Mit der Brühe ablöschen, aufkochen und etwa 5 Minuten bei schwacher Hitze köcheln lassen. • Die Petersilie, den Majoran und das Basilikum waschen und trockenschütteln. Die Petersilie und den Majoran fein hakken, den Schnittlauch in Röllchen schneiden. 1 Eßlöffel von den Kräutern beiseite stellen. • Die Kräuter und die Kartoffeln in die Sauce geben. • Die saure Sahne und die Crème fraîche untermischen und alles vorsichtig erwärmen. • Mit den beseite gestellten Kräutern, Salz und Pfeffer würzen.

Pellkartoffeln mit Radieschenquark ✓

im Bild rechts

Zutaten für 4 Personen:
800 g neue Kartoffeln · Salz
750 g Speisequark (20% Fett)
100 g Sahne · 50 ml Mineralwasser · weißer Pfeffer, frisch gemahlen · 1 Prise Cayennepfeffer · 2 Bund Radieschen
1 Bund Schnittlauch
1/2 Bund Petersilie

Preiswert • Blitzrezept

Pro Portion etwa:
1700 kJ/400 kcal
Zubereitungszeit: 20 Minuten

Die Kartoffeln gründlich waschen. Mit Salzwasser im Schnellkochtopf nach Angaben des Herstellers in 8–10 Minuten garen. • Inzwischen den Quark mit der Sahne und dem Mineralwasser cremig rühren, wenn nötig, noch etwas Sahne oder Wasser hinzufügen. Den Quark mit Salz, Pfeffer und dem Cayennepfeffer würzen. • Die Radieschen putzen, waschen, fein raspeln und zum Quark geben. • Den Schnittlauch und die Petersilie waschen und trockenschütteln. Den Schnittlauch in Röllchen schneiden und mit dem Quark verrühren. Die Petersilie fein hacken. • Die Kartoffeln abgießen, pellen, mit etwas Salz und der Petersilie bestreut servieren. Den Quark getrennt dazu reichen.

Variante: Noch einfacher und schneller geht's, wenn Sie den Quark ohne Radieschen nur mit Kräutern zubereiten. Dafür den Quark mit 2 Päckchen tiefgefrorenem Schnittlauch und je 1 Päckchen Petersilie und gemischten Kräutern verrühren.

Süße Hauptgerichte aus dem Backofen

Zwei Klassiker mit Kirschen oder Aprikosen

Kirschenmännle

im Bild links

Zutaten für 4 Personen:
7 Brötchen vom Vortag
1 Eßl. Butter · 1 Eßl. Butterschmalz · 60 g Zucker · 3 Eier
Schale und Saft von 1 unbehandelten Zitrone · 80 g gemahlene Haselnüsse · Zimtpulver
3/4 l Milch · 740 g Kirschen ohne Stein aus dem Glas (ersatzweise 1 kg frische Kirschen) · 40 g Butter zum Belegen
Für die Form: Butter

Preiswert

Pro Portion etwa:
3400 kJ/810 kcal
Zubereitungszeit: 55 Minuten

Die Brötchen in dünne Scheiben schneiden. • Die Butter mit dem Butterschmalz und dem Zucker schaumig schlagen. • Den Backofen auf 170–190° (Gas: Stufe 2–2 1/2) vorheizen • Die Eier, die Zitronenschale und den -saft, die Nüsse und Zimtpulver mit der Butter verschlagen. Die Milch nach und nach hinzufügen. Alle Zutaten kräftig verrühren. • Die Brötchen mit der Hälfte der Eiermilch übergießen und ziehen lassen. • Die Kirschen auf einem Sieb abtropfen lassen, frische Kirschen entsteinen. • Eine große Auflaufform einfetten. Die eingeweichten Brötchenscheiben abwechselnd mit den Kirschen in die Form schichten. Die oberste Schicht sollte aus den Brötchen bestehen. Die restliche Eiermilch darüber gießen, die Butter in Flöckchen darauf setzen. Den Auflauf im Backofen (unten) in 30–35 Minuten backen.

Mein Tip: Dazu schmeckt eine Vanillesauce besonders gut. Dafür 1 Päckchen Vanillepuddingpulver mit 1 l Milch nach Anweisung zubereiten.

Aprikosenauflauf

im Bild rechts

Zutaten für 4 Personen:
480 g Aprikosen aus der Dose
4 Eier · 1 Prise Salz · 60 g Butter · 50 g Zucker · 1 Päckchen Vanillinzucker · 500 g Magerquark · 1 Eßl. Grieß
1 Päckchen Vanillepuddingpulver · abgeriebene Schale von 1 Zitrone
Für die Form: Butter

Preiswert

Pro Person etwa:
2200 kJ/520 kcal
Zubereitungszeit: 35 Minuten

Den Backofen auf 150–170° (Gas: Stufe 2–2 1/2) vorheizen. Die Aprikosen abtropfen lassen. • Die Eier trennen und die Eiweiße mit dem Salz steif schlagen. • Mit dem Handrührgerät die Butter mit den Eigelben, dem Zucker, dem Vanillinzucker, dem Quark, dem Grieß, dem Vanillepuddingpulver und der Zitronenschale verschlagen. • Die Aprikosen mit der Quarkmasse mischen und den Eischnee unterheben. • Eine Auflaufform einfetten. Die Masse in die Form füllen. Den Auflauf im Backofen (unten) in 20–25 Minuten goldbraun backen.

Variante: Sie können den Quarkauflauf auch mit 370 g abgetropften Kirschen aus dem Glas mischen.

Mein Tip: Bis der Auflauf goldbraun gebacken ist, können Sie den Tisch decken oder eine andere Hausarbeit erledigen.

Knödel und Pfannkuchen mit viel Obst

Für alle, die sich an Süßem sattessen möchten

Zwetschgenknödel

im Bild links

Zutaten für 4 Personen:

- 2 Päckchen Kartoffelklöße-pulver (für je $\frac{1}{2}$ l Wasser)
- 2 Gläser entsteinte Zwetschgen (je etwa 400 g)
- 100 g Marzipanrohmasse
- 50 g Mandelblättchen
- 1 Päckchen Vanillinzucker
- Saft von $\frac{1}{2}$ Zitrone
- Zimtpulver

Preiswert

Pro Portion etwa:
1900 kJ/450 kcal
Zubereitungszeit: 40 Minuten

Das Kartoffelklößepulver nach Packungsanweisung in 1 l Wasser einrühren und etwa 10 Minuten quellen lassen. • Inzwischen die Zwetschgen in einem Sieb abtropfen lassen. • Die Marzipanrohmasse in 16 Stücke schneiden. Je 1 Stück in 1 Zwetschgenhälfte stecken und beiseite legen. • Reichlich Wasser in einem großen Topf erhitzen. • Die Mandelblättchen in einer Pfanne ohne Fett goldbraun rösten. • Aus dem gequollenen Kloßteig 16 Klöße formen und mit je 1 Marzipanzwetschge füllen. • Die Klöße in dem siedendem Wasser etwa 15 Minuten ziehen lassen. Die Hälfte der restlichen Zwetschgen mit dem Vanillinzucker, dem Zitronensaft und Zimtpulver pürieren und die restlichen Zwetschgenhälften untermischen. • Die Klöße mit einer Schaumkelle herausheben, abtropfen lassen und mit dem Kompott und den Mandelblättchen servieren.

Mein Tip: Wer mag, kann je nach Geschmack entweder eine warme oder kalte Vanillesauce dazu reichen.

Pfannkuchen

im Bild rechts

Zutaten für 4 Personen:

- 50 g Mandelblättchen · 4 Eier
- 50 g Zucker · 250 g Mehl
- 1 Prise Salz · $\frac{1}{8}$ l Milch
- 125 g Sahne · $\frac{1}{4}$ l kohlensäurehaltiges Mineralwasser
- 500 g Apfelmus aus dem Glas
- 2 Eßl. Puderzucker · Zimtpulver
- Zum Backen: Butterschmalz

Preiswert

Pro Portion etwa:
2700 kJ/640 kcal
Zubereitungszeit: 45 Minuten

Die Mandelblättchen ohne Fett in einer Pfanne braun rösten und beiseite stellen. • Die Eier trennen. Die Eiweiße mit dem Zucker steif schlagen. • Das Mehl mit dem Salz, der Milch, der Sahne, dem Mineralwasser und den Eigelben mit dem Handrührgerät verschlagen. Den Eischnee unter den Teig heben. • Das Butterschmalz in einer Pfanne erhitzen. Aus dem Teig nacheinander 8 Pfannkuchen backen. Dafür je 1 kleine Schöpfkelle Teig in die Pfanne geben. Die Pfannkuchen von jeder Seite 2–3 Minuten bei mittlerer Hitze goldgelb backen und warm halten. • Die Pfannkuchen mit dem Apfelmus und den Mandelblättchen anrichten. • Den Puderzucker mit etwas Zimt mischen und darüber sieben.

Mein Tip: Die Pfannkuchen können Sie auch einfrieren. Bei Bedarf läßt sich daraus ein Auflauf zubereiten. Die aufgetauten Pfannkuchen mit saurer Sahne und etwas Apfelmus bestreichen und aufrollen. In einer eingefetteten Auflaufform im vorgeheizten Backofen bei 180–200° (Gas: Stufe 2 $\frac{1}{2}$–3) in 10–15 Minuten backen. Mit 200 g Sahne übergießen und weitere 15 Minuten backen. Mit Zimt und Zucker bestreut servieren.

Gäste und sich selbst verwöhnen

Grund zum Feiern gibt es immer! Egal ob gute Freunde kommen, unerwartet Besuch vor der Türe steht, ob Sie einen arbeitsreichen Tag gemütlich ausklingen lassen möchten: Feiern Sie die großen und die kleinen Feste einfach wie sie fallen.
Damit sie auch gelingen, brauchen Sie einen kleinen, aber gut sortierten Vorrat, etwas Flexibilität und jede Menge Phantasie. Wer ganz schnell etwas Warmes auf den Tisch bringen möchte, für den ist die Gemüse-Roastbeef-Pfanne von Seite 83 genau das Richtige. Wem es in geselliger Runde besser schmeckt, wer seinen Gästen mehr Zeit widmen möchte und entsprechend ausgerüstet ist, der kann seine Gäste mit einem Raclette (Rezept Seite 81) überraschen.
Überzeugen Sie sich selbst: Mit meinen Rezept-Ideen haben Sie garantiert wenig Arbeit und bestimmt viel Freude.

Schweinefilet mit viel Gemüse

Dazu paßt Reis

Zutaten für 6 Personen:
1 kg Schweinefilet · 1 Knoblauchzehe · 8 Eßl. Sojasauce
Schale und Saft von 1 unbehandelten Zitrone · 1 kg Chinakohl
250 g Lauch · 400 g Möhren
4 Eßl. Olivenöl · 1/4 l Hühnerbrühe · 1 Teel. Speisestärke
Salz · weißer Pfeffer, frisch gemahlen · 5 Clementinen
300 g Joghurt (3,5% Fett)
Saft von 1 Orange · Zucker

Gelingt leicht • Etwas teurer

Pro Portion etwa:
2000 kJ/480 kcal
Zubereitungszeit: 55 Minuten

Das Fleisch in dünne Scheiben schneiden. Die Knoblauchzehe schälen, durch die Presse zum Fleisch drücken und mit der Sojasauce, der Zitronenschale und 2 Eßlöffeln Zitronensaft mischen. • Den Chinakohl putzen, in feine Streifen schneiden, waschen und abtropfen lassen. Etwa 600 g davon in eine Salatschüssel geben, mit dem restlichen Zitronensaft mischen, abdecken und beiseite stellen. • Den Lauch putzen, gründlich waschen und in feine Ringe schneiden. Die Möhren putzen und fein raspeln. Den restlichen Chinakohl mit dem Lauch und den Möhren mischen. • Das Öl in einem Schmortopf erhitzen. Das Fleisch mit Salz und Pfeffer würzen und mit der Marinade in dem Öl bei mittlerer Hitze unter ständigem Wenden 4–6 Minuten braten. • Die Brühe zum Fleisch geben und einmal aufkochen. Das Gemüse dazugeben und bei schwacher Hitze in 4–6 Minuten garen. Die Speisestärke in 1 Eßlöffel Wasser anrühren und unterrühren. Mit Salz und Pfeffer würzen. • Die Clementinen schälen, in Segmente teilen und kleinschneiden. • Den Joghurt mit dem Orangensaft mischen und mit Salz, Pfeffer und Zucker würzen. Die Clementinenstückchen und den restlichen Chinakohl untermischen.

Schweinefilet mit Mozzarella und Tomatensalat

Läßt sich gut vorbereiten

Zutaten für 6 Personen:
600 g Sahne · 1/4 l Rinderbrühe
6 Schweinefiletmedaillons, aus der Mitte geschnitten, (je etwa 150 g) · Salz · weißer Pfeffer, frisch gemahlen
1 Eßl. Butterschmalz
1 kg Tomaten · 3 Bund Basilikum · 1 Knoblauchzehe
2 Eßl. Mehl · 150 g Mozzarella
3 Eßl. Aceto balsamico oder Zitronensaft · 6 Eßl. Olivenöl
2 Spritzer flüssiger Süßstoff oder eine Prise Zucker
400 g grüne dünne Bandnudeln · 40 g Butter

Raffiniert

Pro Portion etwa:
4500 kJ/1100 kcal
Zubereitungszeit: 1 Stunde

Die Sahne und die Brühe in einem breiten Topf 12–15 Minuten bei mittlerer Hitze einköcheln lassen. • Die Medaillons etwas flachklopfen und von beiden Seiten mit Salz und Pfeffer würzen. Das Butterschmalz in einer Pfanne erhitzen. Die Medaillons darin von jeder Seite etwa 1 Minute kräftig anbraten. Herausnehmen und in eine Auflaufform geben. • Die Tomaten waschen, von den Stielansätzen befreien und in Scheiben schneiden. • Die Medaillons mit Tomatenscheiben belegen. Die restlichen Tomaten auf einer Salatplatte schuppenförmig anordnen und abdecken. • Den Backofen auf 200–220° (Gas: Stufe 3–4) vorheizen. • Das Basilikum waschen, trockenschütteln, die Blätter von den Stielen zupfen und 12 Blätter beiseite legen. Die restlichen Blätter in feine Streifen schneiden. Die Tomatenscheiben auf den Medaillons mit Salz, Pfeffer und einigen Basilikumstreifen würzen. Das restliche Basilikum in die Sahne geben und pürieren. Die Knoblauchzehe schälen und durch die Presse dazudrücken. Das Mehl mit wenig Wasser anrühren, die Sauce dann binden und einmal aufkochen. • Den Mozzarella abtropfen lassen, in Scheiben schneiden und auf die Medaillons legen.
• Von der Sahnesauce nur so viel zum Fleisch geben, daß die Tomaten und die Mozzarellascheiben frei bleiben. Im Backofen (unten) 10–15 Minuten überbacken. • Für die Salatsauce den Essig oder den Zitronensaft, das Öl, Salz, Pfeffer und den Süßstoff oder den Zucker verrühren, über die Tomatenscheiben gießen. Mit 6 Basilikumblättchen garnieren. • Die Nudeln in sprudelnd kochendem Salzwasser in 5–7 Minuten bißfest garen, abgießen, kalt abschrecken und abtropfen lassen. Die Butter schmelzen und die Nudeln darin schwenken. • Das Fleisch aus der Form nehmen und auf einer vorgewärmten Platte anrichten.
• Die Sauce aus der Form mit der Sauce im Topf erhitzen und getrennt zum Fleisch servieren.

Meine Tips: Die Medaillons können Sie vorbereiten, in der Auflaufform beiseite stellen und erst dann im vorgeheizten Backofen überbacken, wenn die Gäste kommen.
Statt Balsamico-Essig können Sie Kräuter- oder Weinessig verwenden. Aceto balsamico ist ein besonders feiner italienischer Essig, der mindestens 6 Jahre in Holzfässern lagern muß. Je älter der Jahrgang, desto kostbarer das Produkt. Aceto balsamico hat ein besonders feines, unverkennbares Aroma.

Schweinefilet in Blätterteig

Dazu gibt es gedünstete Pilze und grünen Salat

Zutaten für 4 Personen:
300 g tiefgefrorener Blätterteig
1 Schweinefilet (etwa 750 g)
weißer Pfeffer, frisch gemahlen
18 dünne Scheiben durchwachsener Speck
14 Backpflaumen ohne Stein
Mehl zum Bestäuben
1 Ei · 220 g Sahne · 1 großer Kopfsalat · 500 g Champignons
500 g Pfifferlinge · 2 Eßl. Mehl
1/4 l Hühnerbrühe · Saft von 1/2 Zitrone · Zucker oder flüssiger Süßstoff · 1 Eßl. Worcestersauce · 2 Päckchen tiefgefrorene Salatkräuter oder Petersilie
Für das Backblech: Backpapier

Gelingt leicht

Pro Portion etwa:
3900 kJ/930 kcal
Zubereitungszeit: 50 Minuten

Die Blätterteigplatten aus der Packung nehmen, ausbreiten und einzeln auftauen lassen. Inzwischen das Schweinefilet mit Pfeffer rundherum würzen. 14 Speckscheiben etwas überlappend nebeneinander legen. Die Backpflaumen der Länge nach in einer Reihe in der Mitte der Speckscheiben anordnen und das Filet darauf legen. Das Fleisch mit dem Speck umschließen. • Die Arbeitsfläche mit Mehl bestäuben, 4 Blätterteigplatten übereinander legen und zu einem Rechteck ausrollen; doppelt so breit und etwas länger als das Filet ist. • Das Fleisch mit den Speckenden nach unten in die Mitte des Rechtecks setzen. • Das Ei in Eiweiß und Eigelb trennen. Die Teigränder mit dem Eiweiß bepinseln. Die Längsseiten des Teiges über das Fleisch schlagen und andrücken. Die Schmalseiten ebenfalls einschlagen und festdrücken. • Das Backblech mit Backpapier auslegen und das Schweinefilet mit der Nahtstelle nach unten darauf setzen. • Die restliche Blätterteigplatte ausrollen und mit einem Plätzchenausstecher Muster ausstechen oder mit einem Teigrädchen Steifen ausradeln. Diese auf einer Seite mit Eiweiß bepinseln und die Blätterteigrolle damit verzieren. • Das Eigelb mit 2 Eßlöffeln Sahne verquirlen und den Blätterteig gleichmäßig damit bestreichen. Das Fleisch im Backofen (unten) bei 175° (Gas: Stufe 2–2 1/2) in 40 Minuten backen, bis der Blätterteig schön gebräunt ist. • Inzwischen den Salat putzen, waschen und abtropfen lassen. Die Champignons und die Pfifferlinge putzen. Die Champignons in Scheiben schneiden. • Den restlichen Speck fein würfeln und in einer großen Pfanne oder im Schmortopf auslassen. Die Pilze hinzufügen und unter Rühren 5–7 Minuten dünsten. Die Pilze mit dem Mehl bestäuben, anschwitzen und mit der Brühe ablöschen. Zugedeckt bei mittlerer Hitze weitere 3 Minuten garen. • Die restliche Sahne und den Zitronensaft mit dem Schneebesen verschlagen. Mit Zucker oder Süßstoff abschmecken. Den Salat mit der Sahnesauce mischen. Die Pilze mit Salz, Pfeffer, der Worcestersauce und den Salatkräutern oder der Petersilie würzen. Das Filet im Blätterteig auf einer Platte mit den Pilzen anrichten und mit dem Salat servieren. Das Fleisch am Tisch aufschneiden.

Variante: Wenn es je nach Jahreszeit keine frischen Pfifferlinge gibt, können Sie auch Pfifferlinge aus dem Glas verwenden. Oder Sie bereiten gleich eine größere Menge Champignons (etwa 1 kg) zu.

Köstliches vom Kalb oder Lamm

Dazu ein zartes Gemüse

Kalbsbries süß-sauer gebraten

Zutaten für 6 Personen:
1 kg Kalbsbries (je nach Größe 1–2 Stück) · 1 Bund Petersilie
600 g junge Möhren
500 g Zuckerschoten
40 g Butter · 50 g Butterschmalz
Salz · weißer Pfeffer, frisch gemahlen · Mehl zum Bestäuben
1 Zitrone · 2 Eßl. Ahornsirup
Muskatnuß, frisch gerieben

Anspruchsvoll

Pro Portion etwa:
1600 kJ/380 kcal
Zubereitungszeit: 40 Minuten

Das Kalbsbries für etwa 15 Minuten in kaltes Wasser legen. Die Petersilie waschen, trockenschütteln und fein hakken. • Das Bries von Häutchen, Sehnen und Adern befreien, trockentupfen und in Röschen schneiden. • Die Möhren und die Zuckerschoten putzen. Die Möhren in dünne Scheiben schneiden. Die Butter erhitzen und die Möhren darin etwa 3 Minuten braten. Die Zuckerschoten hinzufügen und mit 1 Eßlöffel Wasser im geschlossenen Topf etwa 5 Minuten dünsten. • Das Butterschmalz in einer großen Pfanne erhitzen. Das Bries von beiden Seiten mit Salz und Pfeffer würzen und dünn mit Mehl bestäuben. In dem Butterschmalz bei mitttlerer Hitze rundherum goldbraun braten. • Die Zitrone auspressen und mit dem Ahornsirup mischen, das Bries damit beträufeln und leicht karamelisieren lassen, bis der Fond cremig eingeköchelt ist. • Das Gemüse mit Salz, Pfeffer, Muskat und der Petersilie würzen. Das Bries mit dem Gemüse anrichten. Dazu paßt Kartoffelpüree.

Mein Tip: Auch ohne Zitronensaft und Ahornsirup, nur in Butter gebraten, schmeckt das Bries.

Lammkoteletts mit Bohnen

im Bild rechts

Zutaten für 6 Personen:
2 Scheiben Toastbrot
250 g Sahne
600 g tiefgefrorene Bohnen
Salz · 6–12 Lammkoteletts (je nach Größe pro Person etwa 150 g) · weißer Pfeffer, frisch gemahlen · 40 g Butter
40 g Butterschmalz · einige Kerbel- oder Petersilienzweige
1/2 Koblauchzehe · 1 Teel. frisches Bohnenkraut

Gelingt leicht

Pro Portion etwa:
3400 kJ/810 kcal
Zubereitungszeit: 35 Minuten

Die Rinde von dem Toastbrot entfernen und das Brot sehr fein zerbröseln. Einfach geht das mit dem Pürierstab. • Die Sahne in einem kleinen Topf bei mittlerer Hitze stark einkochen lassen. • Inzwischen die Bohnen mit 200 ml Wasser und Salz in einem Topf zugedeckt einmal aufkochen und bei mittlerer Hitze in 8–10 Minuten garen. • Die Butter in einem Topf schmelzen lassen. • Die Koteletts von beiden Seiten mit Salz und Pfeffer würzen und erst in der geschmolzenen Butter, dann in den Brotbröseln wälzen. • Das Butterschmalz in einer großen Pfanne erhitzen. Die Koteletts bei mittlerer Hitze von jeder Seite etwa 3–5 Minuten (je nach Wunsch durch- oder rosa) braten. • Die Kerbel- oder Petersilienzweige waschen und trockenschütteln. • Die Bohnen abgießen und in der Sahne erwärmen. • Die Knoblauchzehe schälen und durch die Presse zu den Bohnen drücken. Mit Salz, Pfeffer und dem Bohnenkraut würzen. • Die Koteletts mit Kerbel- oder Petersilienzweigen garniert servieren.

Lammfilets mit Ratatouille und Nudeln

Dazu schmeckt Rotwein

Zutaten für 6 Personen:
12 Lammfilets (je etwa 60–80 g) · 2 Päckchen tiefgefrorene Kräuter italienische Art
4 Eßl. Olivenöl · weißer Pfeffer, frisch gemahlen

Für das Ratatouille:
200 g Gemüsezwiebeln
300 g Auberginen · je 1 gelbe und rote Paprikaschote
300 g Zucchini · 300 g Tomaten
1 Eßl. Olivenöl · 1 Bund Basilikum · Salz · 100 g Sahne
500 g Bandnudeln
Für das Blech: Öl

Anspruchsvoll

Pro Portion etwa:
2500 kJ/600 kcal
Zubereitungszeit: 50 Minuten

Die Lammfilets mit Küchenpapier abreiben, wenn nötig, von Sehnen und Häutchen befreien. • Das Backblech mit Öl einfetten und das Fleisch darauf legen. • Die Kräuter mit dem Öl und etwas Pfeffer mischen. Die Filets mit der Kräuterpaste bestreichen. • Den Backofen auf 210–230° (Gas: Stufe 3–4) vorheizen. • Für das Ratatouille die Gemüsezwiebeln schälen und in feine Ringe schneiden. Die Auberginen, die Paprikaschoten, die Zucchini und die Tomaten waschen, putzen und in Würfel schneiden. • Das Olivenöl erhitzen und die Zwiebeln darin glasig braten. Das Gemüse hinzufügen, umrühren und zugedeckt bei mittlerer Hitze in 15–20 Minuten garen. Gelegentlich umrühren und, wenn nötig, 100 ml Wasser dazugeben. • Inzwischen die Filets im Backofen (Mitte) 10–15 Minuten braten. Je nach gewünschtem Garzustand in 10–15 Minuten rosa oder durchbraten. • Inzwischen die Nudeln in sprudelnd kochendem Salzwasser bißfest garen. • Das Basilikum waschen, trockenschütteln und in sehr feine Streifen schneiden. • Das Ratatouille mit Salz, Pfeffer und Basilikum würzen. Die Sahne unterrühren und kurz erhitzen.

Filetsteaks mit Frühlingszwiebeln

Dazu schmecken Kartoffelpuffer

Zutaten für 6 Personen:
800 g Frühlingszwiebeln
500 g kleine Champignons
6 tiefgefrorene Kartoffelpuffer
2 Eßl. Butter · Salz
weißer Pfeffer, frisch gemahlen
Saft von 1/2 Zitrone · 1 Prise
Zucker · 6 Filetsteaks (je etwa
150 g) · schwarzer Pfeffer,
frisch gemahlen · 2 Eßl. Butterschmalz

Anspruchsvoll

Pro Portion etwa:
2500 kJ/600 kcal
Zubereitungszeit: 35 Minuten

Die Frühlingszwiebeln und die Champignons putzen. Die Zwiebeln in etwa 1/2 cm dicke Ringe und die Champignons in dünne Scheiben schneiden. • Die Kartoffelpuffer aus der Packung nehmen und nach Anweisung auf der Packung im Backofen oder in der Pfanne zubereiten. • Inzwischen die Butter in einem Topf erhitzen und die Frühlingszwiebeln darin anbraten. • Die Champignons hinzufügen und 3–5 Minuten bei schwacher Hitze bißfest dünsten. Die Pilze sollen nicht braun werden. Mit Salz, Pfeffer, dem Zitronensaft und dem Zucker würzen. Das Gemüse warm stellen. • Eine Steakpfanne ohne Fett erhitzen. Die Steaks mit Pfeffer würzen und in die sehr heiße Pfanne legen. Das Fleisch von jeder Seite bei mittlerer Hitze 1/2–1 Minute anbraten. Die Steaks salzen. • Das Butterschmalz vorsichtig hinzufügen und die Steaks von jeder Seite in weiteren 3–5 Minuten braten, bis sie je nach Geschmack innen noch rosa oder durchgebraten sind. • Die Kartoffelpuffer mit den Steaks und dem Gemüse auf einer großen Platte oder gleich portionsweise auf Tellern anrichten.

Mein Tip: Statt Kartoffelpuffer können Sie auch aufgebackenes Baguette mit Knoblauchbutter dazu reichen.

Rouladen mit edler Füllung

Sie werden im Schnellkochtopf zubereitet

Zutaten für 6 Personen:
80 g Frühlingszwiebeln
80 g durchwachsener Bauchspeck · 240 g Artischokkenherzen aus der Dose
1 Eßl. mittelscharfer Senf
6 Scheiben Rinderrouladen (je 180–200 g) · weißer Pfeffer, frisch gemahlen · 6 Basilikumblättchen · 1 Knoblauchzehe
2 große Möhren · 1/4 Knollensellerie · 2 Zwiebeln · 4 Eßl. Maiskeimöl · 1/2 l heiße Fleischbrühe
1 Eßl. Mehl · 100 g Sahne
1 Eßl. Butter · Salz

Klassisches Rezept

Pro Portion etwa:
2300 kJ/550 kcal
Zubereitungszeit: 55 Minuten

Die Frühlingszwiebeln putzen und in Ringe schneiden. Den Speck würfeln. Die Artischocken abtropfen lassen und würfeln. Die Frühlingszwiebeln mit dem Speck, den Artischokken und dem Senf mischen. • Die Rouladen beidseitig pfeffern. Den Basilikum waschen und trockentupfen. • Die Knoblauchzehe schälen, halbieren und das Fleisch damit einreiben. Die Füllung auf dem Fleisch verteilen und je 1 Basilikumblättchen dazulegen. Die Rouladen aufrollen und mit Küchengarn umwickeln. • Die Möhren, den Sellerie und die Zwiebeln schälen und kleinschneiden. • Das Öl in einem Schnellkochtopf erhitzen und die Rouladen darin bei mittlerer Hitze anbraten. Das Gemüse hinzufügen. Mit der Brühe aufgießen. Den Topf nach den Angaben des Herstellers verschließen. Die Rouladen in 25–30 Minuten garen (Herstellerangaben beachten). • Das Mehl mit etwas Wasser anrühren. Den Topf vorschriftsmäßig öffnen. Die Rouladen herausnehmen und warm stellen. Den Fond durch ein Sieb gießen, aufkochen, mit dem Mehl verrühren und 1–2 Minuten kochen. • Das Garn entfernen. • Die Sauce mit der Sahne, der Butter, Salz und Pfeffer verrühren. Dazu passen grüne Bohnen.

Zwei edle Salatteller

Danach gibt's eine Käseplatte mit Stangenbrot und Rotwein

Entenbrust auf Lollo rosso

im Bild links

Zutaten für 4 Personen:
2 ausgelöste Entenbrüste mit
Haut (je etwa 300 g) · Salz
weißer Pfeffer, frisch gemahlen
2 Eßl. Butterschmalz
1 Lollo rosso · 300 g Joghurt
(3,5% Fett) · 4 Eßl. Aceto
balsamico · 1 Spritzer flüssiger
Süßstoff oder 1 Prise Zucker
1 mittelgroße Mango
1/2 Bund Schnittlauch
40 g Walnußkerne

Anspruchsvoll

Pro Portion etwa:
2200 kJ/520 kcal
Zubereitungszeit: 35 Minuten

Die Entenbrüste, wenn nötig, von kleinen Sehnen befreien und mit Salz und Pfeffer würzen. • Das Butterschmalz in einer Pfanne erhitzen. • Das Fleisch darin bei mittlerer Hitze 5–6 Minuten von jeder Seite braun braten. • Den Salat putzen, waschen, in mundgerechte Stücke zupfen und abtropfen lassen. • Die Entenbrüste in Alufolie wickeln, etwa 8 Minuten darin ruhen lassen und zwischendurch einige Male drehen, damit der Fleischsaft sich gleichmäßig verteilt. • Inzwischen den Joghurt mit dem Essig und dem Bratensaft aus der Pfanne verrühren. Mit Salz, Pfeffer und dem Süßstoff oder dem Zucker würzen. • Die Mango schälen und in schmale Streifen schneiden. Den Schnittlauch waschen, trockenschütteln und in Röllchen schneiden. • Den Salat auf sechs Tellern anrichten, die Mangostreifen und die Walnüsse darauf geben. Die Entenbrüste in Scheiben schneiden und dazulegen. Die Salatsauce darüber träufeln und mit den Schnittlauchröllchen garnieren.

Hasenfilet auf Eichblattsalat

im Bild rechts

Zutaten für 6 Personen:
3 Hasenrückenfilets (je etwa
150 g) · Salz · weißer Pfeffer,
frisch gemahlen · 2 Eßl. Butter-
schmalz · 2 Eßl. Cognac
150 g Preiselbeerkompott
200 g Crème fraîche
1 Eichblattsalat (ersatzweise ein
anderer grüner Blattsalat)
3 Frühlingszwiebeln
200 g grüne kernlose Trauben
30 g Pinienkerne

Anspruchsvoll

Pro Portion etwa:
1200 kJ/290 kcal
Zubereitungszeit: 35 Minuten

Die Hasenrückenfilets, wenn nötig, von kleinen Sehnen befreien und von beiden Seiten mit Salz und Pfeffer würzen. Das Butterschmalz in einer Pfanne erhitzen. • Die Filets von jeder Seite etwa 1 Minute bei mittlerer Hitze darin braten. Dann in Alufolie einwickeln, ziehen und abkühlen lassen. • Den Bratensaft mit dem Cognac ablöschen. Das Preiselbeerkompott unterrühren und mit der Crème fraîche in einer Rührschüssel mischen. Mit Salz und Pfeffer würzen. • Den Salat putzen und waschen, in mundgerechte Stücke zupfen und abtropfen lassen. • Die Frühlingszwiebeln putzen und in sehr feine Ringe schneiden. • Die Trauben waschen und je nach Größe eventuell halbieren. • Die Pinienkerne ohne Fett in einer beschichteten Pfanne leicht bräunen. • Den Salat auf sechs Tellern verteilen und mit den Frühlingszwiebeln, den Trauben und den Pinienkernen garnieren. • Die Hasenfilets in Scheiben aufschneiden und den Salat mit dem Fleisch und der Sauce anrichten.

Seefisch mit Zuckerschoten

Schmeckt auch mit anderen Gemüsesorten

Fischragout

im Bild links

Zutaten für 6 Personen:
- 500 g Spargel · Salz
- 50 g Butter · 1 Prise Zucker
- 500 g Zuckerschoten
- 800 g Seelachsfilet
- 500 g Lachsfilet ohne Haut
- Saft von 1 1/2 Zitronen
- 50 g Mehl · 400 ml Fischfond aus dem Glas · 400 g Sahne
- 50 ml trockener Weißwein
- 2 Eßl. Worcestersauce
- Estragon (in Öl eingelegt oder getrocknet)

Gelingt leicht

Pro Portion etwa:
2700 kJ/640 kcal
Zubereitungszeit: 45 Minuten

Den Spargel waschen, schälen, von den holzigen Enden befreien und in kochendem Salzwasser mit 1 Teelöffel Butter und dem Zucker in etwa 20 Minuten garen. • Die Zuckerschoten waschen und putzen. • Das Seelachs- und das Lachsfilet abspülen, trockentupfen, wenn nötig, von den Gräten befreien und in Stücke schneiden. Mit dem Saft von 1 Zitrone beträufeln.
• Den Spargel abtropfen lassen.
• Die Zuckerschoten in dem Spargelwasser bei mittlerer Hitze 4–6 Minuten blanchieren. • Für die Sauce die restliche Butter schmelzen und das Mehl darin anschwitzen. Mit dem Fischfond und der Sahne ablöschen und etwa 5 Minuten bei mittlerer Hitze unter Rühren köcheln lassen.
• Die Zuckerschoten abgießen und abtropfen lassen. Den Spargel in Stücke schneiden. • Den Fisch salzen, in die Sauce geben und 15–20 Minuten darin ziehen lassen, dabei gelegentlich umrühren. • Kurz vor Ende der Garzeit den Spargel und die Zukkerschoten in der Sauce erwärmen. Den Wein und die Worcestersauce dazugeben. Mit Salz, Pfeffer und Estragon würzen.

Gratiniertes Rotbarschfilet ✓

im Bild rechts

Zutaten für 4 Personen:
- 2 Pakete tiefgefrorenes Rotbarschfilet (je etwa 300 g)
- 2 Pakete tiefgefrorenes Mischgemüse mit Zuckerschoten (je etwa 300 g) · Saft von 1 Zitrone · Salz · 200 ml Sauce béarnaise (Fertigprodukt aus dem Glas)

Blitzrezept • Mit Mikrowelle

Pro Portion etwa:
1400 kJ/330 kcal
Zubereitungszeit: 30 Minuten

Das Fischfilet auf einem Teller zugedeckt bei Mikrowellenleistung 180 Watt in 5–7 Minuten antauen. Dann 5–10 Minuten ruhen lassen. Oder bei Zimmertemperatur nach Angaben des Herstellers auftauen. • Den Backofen auf 180–200° (Gas: Stufe 2 1/2–3) vorheizen. • Das Gemüse ohne Fett in eine Pfanne geben, unter Wenden bei mittlerer Hitze auftauen und in 4–5 Minuten bißfest garen.
• Das Gemüse auf dem Boden einer Gratinform verteilen.
• Den Fisch würfeln, mit dem Zitronensaft beträufeln und salzen. • Die Fischstücke auf dem Gemüse verteilen und mit der Sauce béarnaise gleichmäßig übergießen. Im Backofen (unten) 8–10 Minuten überbacken.

Variante: Sie können jedes beliebige andere tiefgefrorene Gemüse verwenden, zum Beispiel Suppengemüse oder Blattspinat. Den tiefgefrorenen Fisch können Sie durch die gleiche Menge frisches Fischfilet ersetzen. Statt der Sauce béarnaise paßt auch eine fertige Sauce hollandaise dazu, die Sie je nach Geschmack noch mit Currypulver würzen können.

Feine Fischgerichte mit viel Gemüse

Kräuter sorgen für den besonderen Geschmack

Kabeljaukoteletts mit Tomaten

im Bild links

Zutaten für 4 Personen:
500 g Tomaten · 300 g Zucchini
200 g Zwiebeln · 3 Knoblauchzehen · 1 Eßl. Butter · 4 Kabeljaukoteletts (je etwa 300 g)
Saft von 1/2 Zitrone · Salz
weißer Pfeffer, frisch gemahlen
2 Teel. Basilikum (in Öl eingelegt oder getrocknet oder 1 Bund frischer Basilikum, fein geschnitten) · 1/4 l Hühnerbrühe

Gelingt leicht

Pro Portion etwa:
1200 kJ/290 kcal
Zubereitungszeit:
35–40 Minuten

Den Backofen auf 200–220° vorheizen . • Die Tomaten und die Zucchini waschen. Die Tomaten achteln, dabei die Blütenansätze entfernen. Die Zucchini von den Stiel- und Blütenansätzen befreien, in Scheiben schneiden und mit den Tomaten in eine Auflaufform mit Deckel geben. • Die Zwiebeln und die Knoblauchzehen schälen. Die Zwiebeln in dünne Ringe schneiden. • Die Butter erhitzen und die Zwiebeln darin bei mittlerer Hitze glasig braten. Die Knoblauchzehen durch die Presse dazudrücken. • Inzwischen die Kabeljaukoteletts kalt abspülen, trockentupfen, mit dem Zitronensaft beträufeln, wenig salzen und mit etwas Pfeffer würzen. Mit dem frischen Basilikum dünn von beiden Seiten bestreichen oder mit dem Basilikum bestreuen. • Die Zwiebeln über dem Gemüse verteilen, die Brühe dazugießen und den Fisch darauf legen. Den Auflauf zugedeckt im Backofen (unten) bei 200–220° (Gas: Stufe 3–4) in 20–25 Minuten garen. Dazu paßt Baguette.

Fischfilet mit Paprikarahm

im Bild rechts

Zutaten für 4 Personen:
je 2 rote und grüne Paprikaschoten (je etwa 200 g)
150 g Schalotten · 60 g Butter
1/8 l Fleischbrühe · 50 ml Weißwein oder Brühe · 600 g Fischfilet (Kabeljau-, Gold- oder Rotbarschfilet) · Saft von 1 Zitrone
Salz · Mehl · 200 g Sahne
weißer Pfeffer, frisch gemahlen
1 Teel. Estragon, fein gehackt (oder in Öl eingelegt oder 2 Eßl. Schnittlauchröllchen)

Raffiniert

Pro Portion etwa:
1300 kJ/310 kcal
Zubereitungszeit: 35 Minuten

Die Paprikaschoten halbieren, von den Stielansätzen, Kernen, Trennwänden befreien und waschen. 1 rote Paprikaschote in grobe Stücke schneiden, den Rest in feine Streifen. • Die Schalotten schälen und achteln. 2 Eßlöffel Butter erhitzen, die Zwiebeln und die roten Paprikastücke darin anbraten. Die Brühe dazugeben und alles zugedeckt in 15–17 Minuten bei schwacher Hitze garen. • 2 Eßlöffel Butter erhitzen und die Paprikastreifen darin anbraten. Mit dem Wein oder der Brühe ablöschen und die Paprikastreifen in 10–12 Minuten nicht zu weich garen. • Das Fischfilet säubern, mit dem Zitronensaft beträufeln, salzen und in Mehl wenden. • Das Schalotten-Paprikagemüse mit der Sahne pürieren. Mit Salz, Pfeffer und dem Estragon würzen. • Die restliche Butter erhitzen und den Fisch darin bei schwacher Hitze von jeder Seite etwa 5 Minuten braten. • Die Sauce mit dem Pürierstab nochmals aufschlagen. Die Paprikastreifen in der Sauce erwärmen und getrennt zum Fischfilet reichen. Dazu paßt Reis.

Lachskoteletts mit Sahnesauce

Auf Nudeln mit einer cremigen Sauce angerichtet

Zutaten für 6 Personen:
4 Schalotten · 1 mittelgroße Tomate · 60 g Champignons
80 g eiskalte Butter · 6 Petersilienzweige · 800 ml Fischfond aus dem Glas · 75 ml trockener Wermut · 300 ml Weißwein
600 g Sahne · 6 Scheiben gleich große Lachskoteletts (je etwa 250 g) · Saft von 1 Zitrone · Salz
Alufolie zum Einwickeln
500 g grüne Bandnudeln
heller Saucenbinder · weißer Pfeffer, frisch gemahlen · Estragon (in Öl eingelegt oder getrocknet) · 60 g Forellenkaviar

Anspruchsvoll

Pro Portion etwa:
4600 kJ/1100 kcal
Zubereitungszeit: 40 Minuten

Den Backofen auf 220–240° (Gas: Stufe 4) vorheizen. • Die Schalotten schälen und achteln. Die Tomate waschen und ohne den Blütenansatz vierteln. Die Champignons waschen und halbieren. • 1 Eßlöffel Butter erhitzen. Die Schalotten darin glasig braten. • Die Petersilie waschen und trockenschütteln. 4 Petersilienzweige mit den Tomaten und den Champignons darin 1–2 Minuten dünsten. Mit dem Fischfond, dem Wermut, dem Wein und der Sahne ablöschen und bei starker Hitze köcheln lassen. • Den Lachs säubern, mit dem Zitronensaft beträufeln, salzen. Jeweils 2 Lachskoteletts in Alufolie wickeln, verschließen und in der Fettpfanne im Backofen (Mitte) in 15–20 Minuten garen. • Die Nudeln in kochendem Salzwasser bißfest garen. • Die Sauce in einen anderen Topf sieben und bei schwacher Hitze etwa 2 Minuten köcheln lassen. Mit der restlichen eiskalten Butter mit dem Pürierstab schaumig aufschlagen. Mit Saucenbinder binden, bis die Sauce cremig ist. Mit Salz, Pfeffer und Estragon würzen. • Die Nudeln abgießen, kalt abschrecken und mit dem Lachs anrichten. Die Sauce darüber gießen und mit dem Kaviar und der restlichen Petersilie garnieren.

Zwei leichte Gästeessen

Mit Muscheln aus dem Glas oder frischen Forellen

Spaghetti mit Muschelsauce ✓

im Bild links

Zutaten für 6 Personen:
500 g Spaghetti · Salz
200 g Gemüsezwiebeln
3 Knoblauchzehen · 2 Eßl.
Butter · 3 Gläser Muscheln (je
etwa 200 g Einwaage)
1 l passierte Tomaten
200 g Sahne · 1/8 l trockener
Portwein oder Fleischbrühe
2–3 Eßl. heller Saucenbinder
weißer Pfeffer, frisch gemahlen
2 Eßl. Tomatenketchup
1 Prise Zucker

Gelingt leicht · Blitzrezept

Pro Portion etwa:
2500 kJ/600 kcal
Zubereitungszeit: 15 Minuten

Die Spaghetti in kochendem Salzwasser bißfest garen. • Inzwischen die Zwiebeln und die Knoblauchzehen schälen. Die Zwiebeln sehr fein hacken. Die Butter erhitzen und die Zwiebeln darin glasig braten. Die Knoblauchzehen durch die Presse zu den Zwiebeln drücken und ebenfalls braten. • Die Muscheln in einem Sieb abtropfen lassen. • Die Tomaten, die Sahne und den Portwein oder die Fleischbrühe mit den Zwiebeln mischen und einmal aufkochen. • Die Sauce je nach gewünschter Dikke mit dem Saucenbinder binden. • Die Muscheln in der Tomatensauce erwärmen und mit Salz, Pfeffer, dem Ketchup und dem Zucker würzen. Die Spaghetti abgießen, kalt abschrekken und getrennt zur Sauce servieren.

Mein Tip: Mit Kräutern, wie zum Beispiel Petersilie oder Basilikum, schmeckt die Sauce noch besser.

Forellen »blau«

im Bild rechts

Zutaten für 6 Personen:
2 unbehandelte Zitronen
6 küchenfertige Forellen (je
250–300 g) · Salz · 1 Bund
Petersilie · Bratschlauch (35 cm
breit) · 6 weiße Pfefferkörner
2 Lorbeerblätter · 1/4 l Weißwein

Klassisches Rezept

Pro Portion etwa:
1000 kJ/240 kcal
Zubereitungszeit:
35–40 Minuten

Den Backofen auf 180–200° (Gas: Stufe 2 1/2–3) vorheizen. • Den Saft von 1 Zitrone auspressen. Die Forellen waschen, trockentupfen und mit dem Zitronensaft innen und außen beträufeln und salzen. • Die übrige Zitrone und die Petersilie waschen und abtrocknen. Die Zitrone in 6 Scheiben schneiden. 3 Zitronenscheiben halbieren und je eine Hälfte mit 1 Petersilienzweig in den Bauch der Forellen stecken. • Den Bratschlauch etwa 20 cm länger als die Forellen sind, abschneiden und auf der Fettpfanne ausbreiten. • Die Forellen so nebeneinander in den Bratschlauch legen, daß jeweils ein Fischkopf am Schwanzende des nächsten liegt. • Den Schlauch an einer Seite mit einem Metallclip verschließen. Die restlichen Zitronenscheiben, die Petersilienzweige, die Pfefferkörner und die Lorbeerblätter dazugeben. Den Wein in den Schlauch gießen und die andere Seite ebenfalls verschließen. Die Forellen im Backofen (unten) in 25–30 Minuten garen.

Mein Tip: Neue Kartoffeln mit Petersilie, zerlassene, heiße Butter und grüner Salat als Beilage werden Ihre Gäste begeistern. Während der Fisch gart, können Sie diese Beilagen zubereiten.

Zartes Geflügel mit Gemüse

Als köstlicher Braten oder raffinierte Röllchen

Putenbraten

im Bild links

Zutaten für 6 Personen:
1,2 kg Putenbrust · 7 Eßl. Sojasauce · 200 g Gemüsezwiebeln
Salz · weißer Pfeffer, frisch gemahlen · 2 Eßl. Butterschmalz
3/8 l heiße Fleischbrühe
600 g tiefgefrorenes Pfannengemüse, zum Beispiel chinesische Art · 100 g Sahne · 4 Eßl. dunkler Saucenbinder · Currypulver · 1 Päckchen tiefgefrorene Petersilie

Gelingt leicht

Pro Portion etwa:
1400 kJ/330 kcal
Zubereitungszeit:
35–40 Minuten

Die Putenbrust waschen, trockentupfen und mit 4 Eßlöffeln Sojasauce einreiben. • Die Gemüsezwiebeln schälen und fein würfeln. • Das Fleisch mit Salz und Pfeffer würzen. • Das Butterschmalz im Schnellkochtopf erhitzen und den Braten darin bei starker Hitze von allen Seiten braun anbraten. Die Zwiebeln hinzufügen und anbraten, bis sie leicht gebräunt sind. Die heiße Brühe dazugießen. Den Topf nach Angaben des Herstellers verschließen. Das Fleisch 15–20 Minuten schmoren (Angaben des Herstellers beachten). • Inzwischen das Pfannengemüse nach Angaben auf der Packung zubereiten und beiseite stellen. Den Schnellkochtopf vorschriftsmäßig öffnen, den Braten herausnehmen und warm halten. • Die Sahne zum Bratenfond geben, einmal aufkochen und mit dem Saucenbinder binden. • Das Gemüse darin erwärmen und mit Salz, Pfeffer, Currypulver, der restlichen Sojasauce und der Petersilie würzen. Mit Reis und einem gemischten Salat servieren.

Geflügelröllchen

im Bild rechts

Zutaten für 6 Personen:
1 Bund Majoran oder Basilikum
600 g tiefgefrorener Broccoli
115 g Pfifferlinge aus dem Glas
1,2 kg Hähnchen- oder Putenbrustfilet · weißer Pfeffer, frisch gemahlen · 18 dünne Scheiben durchwachsener Speck
18 Zahnstocher · 40 g Butterschmalz · 1/2 l Fleischbrühe
200 g Sahne · Salz · Muskatnuß, frisch gerieben

Gelingt leicht

Pro Portion etwa:
2400 kJ/570 kcal
Zubereitungszeit: 35 Minuten

Den Majoran oder das Basilikum waschen und trockenschütteln. Den Broccoli unaufgetaut mit 200 ml Wasser in einem Topf einmal aufkochen, dann bei mittlerer Hitze in 12–14 Minuten garen. • Inzwischen die Pfifferlinge abtropfen lassen. Das Fleisch waschen, trockentupfen und längs in 18 schmale Streifen von je etwa 60–70 g schneiden. Die Fleischscheiben mit Pfeffer würzen. Jede Scheibe mit 2–3 Pfifferlingen und 2 Blättern Majoran oder Basilikum belegen. Das Fleisch aufrollen, jedes Röllchen mit 1 Scheibe Speck umwickeln und mit Hilfe eines Zahnstochers feststecken. • Das Butterschmalz in einer sehr großen Pfanne oder einem Bräter erhitzen, die Geflügelröllchen darin unter mehrmaligem Wenden in etwa 6–8 Minuten knusprig braun braten. • Für die Sauce den Broccoli abgießen und mit der Fleischbrühe und der Sahne pürieren. Die Sauce mit Salz, Pfeffer und Muskat würzen. Das Fleisch mit den restlichen Kräuterblättchen anrichten. • Die Sauce in die Pfanne oder den Bräter gießen, mit dem Bratenfett verrühren, erhitzen und zum Fleisch servieren.

Tomaten-Hähnchen

Ganz einfach, da nur Hühnerbrüste zubereitet werden

Zutaten für 6 Personen:
6 große Fleischtomaten · 5 Eßl. Olivenöl · 4 Hähnchenbrüste (je etwa 500 g) · Salz · weißer Pfeffer, frisch gemahlen
3 Knoblauchzehen
1/4 l trockener Wermut oder Weißwein oder Hühnerbrühe
1/2 l Hühnerbrühe
400 g Sahne · 1 Eßl. Mehl
2 Päckchen tiefgefrorener Basilikum (ersatzweise in Öl eingelegt oder getrocknet)

Gelingt leicht

Pro Portion etwa:
2900 kJ/690 kcal
Zubereitungszeit: 50 Minuten

Die Tomaten oben kreuzweise einschneiden und mit kochendem Wasser überbrühen, häuten, vom Blütenansatz befreien und in große Stücke schneiden. • Das Olivenöl in einem Bräter oder großem Schmortopf erhitzen. Die Hähnchenbrüste mit Salz und Pfeffer rundherum würzen. Das Fleisch in dem heißen Öl von allen Seiten bei starker Hitze scharf anbraten. • Die Knoblauchzehen schälen und durch die Presse dazudrücken. Mit dem Wermut oder dem Wein oder der Brühe und der Hühnerbrühe ablöschen und zugedeckt bei mittlerer Hitze etwa 35 Minuten köcheln lassen. • Die Hühnerbrüste aus dem Bräter nehmen, auf einer vorgewärmten Platte zugedeckt warm stellen. • Die Sahne zum Fond geben und erhitzen. Das Mehl mit etwas Wasser anrühren, in die Sauce einrühren und einmal aufkochen. Mit Salz, Pfeffer und dem Basilikum würzen. Das Fleisch vom Knochen lösen, von der Haut befreien und in Scheiben schneiden. Mit der Sauce, Reis oder Nudeln sofort servieren.

Mein Tip: Etwas schneller geht's mit Stangenweißbrot als Beilage, dann brauchen Sie keine Sahne hinzuzufügen und die Sauce nicht zu binden.

Fleisch-Fondue

Altbekannt, aber immer wieder beliebt

Zutaten für 6 Personen:
Für die Fleischbrühe: 2 Bund Suppengrün · 1 mittelgroße Zwiebel · 500 g Suppenknochen (davon 2 Markknochen)
500 g Suppenfleisch · 2 l Wasser
Für die Grundsauce:
500 g Mayonnaise
250 g Sahnequark
500 g Joghurt (3,5% Fett) · Salz
weißer Pfeffer, frisch gemahlen
1 Prise Zucker · 1 Eßl. Tomatenketchup · 1 Teel. mittelscharfer Senf · Saft von 1/2 Zitrone
Für die Currysauce:
mildes Currypulver
4 Eßl. Mangochutney
2 Eßl. Sojasauce
Für die Kräutersauce:
3 Päckchen tiefgefrorene Kräuter · 2 kleine, fein gehackte Cornichons
Für die Knoblauchsauce:
4 Knoblauchzehen
Für die Paprikasauce:
je 1 rote und grüne Paprikaschote · Paprikapulver, edelsüß
3 Eßl. Tomatenketchup
Für die Meerrettichsauce:
3 Eßl. geriebener Meerrettich aus dem Glas
Für die Avocadosauce:
1 reife Avocado
1/4 Teel. mittelscharfer Senf
Zum Garnieren: einige gewaschene Kräuterzweige
Verschiedene Fleischsorten:
400 g Schweinefilet · 400 g Rinderfilet · 400 g Putenbrustfilet (alle Fleischsorten vom Metzger fonduegerecht schneiden lassen)
Für die Beilagen:
1 Stangenweißbrot
220 g Mixed Pickles aus dem Glas · 200 g Artischocken aus der Dose · 165 g eingelegte Tomatenpaprika oder Tomaten
90 g eingelegte Oliven
190 g Silberzwiebeln

Klassisches Rezept

Pro Portion etwa:
5800 kJ/1400 kcal
Zubereitungszeit: 1 Stunde

Für die Fleischbrühe das Suppengrün putzen, die Zwiebel schälen und beides in grobe Stücke schneiden. • Die Knochen und das Fleisch kalt abspülen und mit dem Gemüse und dem Wasser in den Schnellkochtopf geben. • Den Topf nach Angaben des Herstellers verschließen. Das Fleisch nach Vorschrift 30–35 Minuten kochen. Die Brühe abgießen, abfetten und vor dem Umfüllen in den Fonduetopf einmal aufkochen. • Für die Grundsauce die Mayonnaise, den Quark und den Joghurt mit Salz, Pfeffer, dem Zucker, dem Ketchup, dem Senf und dem Zitronensaft verschlagen. • Die Sauce auf sechs Schüsseln verteilen. • Für die Currysauce die Grundsauce mit viel Currypulver, dem Mangochutney und der Sojasauce verrühren. • Für die Kräutersauce die Grundsauce mit den Kräutern und den Cornichons verrühren. • Für die Knoblauchsauce die Knoblauchzehen schälen und zur dritten Saucenportion drücken. • Für die Paprikasauce die Paprikaschoten halbieren, putzen, würfeln und in die vierte Portion Grundsauce geben. Mit Paprikapulver und dem Ketchup würzen. • Für die Meerrettichsauce die fünfte Saucenportion mit dem Meerrettich verrühren. • Für die Avocadosauce die Avocado schälen, halbieren und ohne den Kern mit der letzten Portion Grundsauce pürieren und mit dem Senf würzen. • Die Saucen anrichten und mit Kräuterzweigen garnieren. Das Fleisch auf zwei Platten anrichten. Das Brot aufschneiden und anrichten. Die Beilagen aus dem Glas in Schälchen servieren.

Variante: Etwas schneller geht's, wenn Sie eine gekaufte Brühe verwenden oder 500 g Kokosfett erhitzen.

Raclette

Für gesellige Runden mit dem Raclettegerät

Zutaten für 6 Personen:
$1^1/_2$ kg kleine Kartoffeln · Salz
$^1/_2$ Teel. Kümmel · 1 Bund
Petersilie · 300 g Zucchini
200 g Champignons · 2 rote
Paprikaschoten · 220 g Mixed
Pickles aus dem Glas
250 g gekochter Schinken in
Scheiben · 250 g Raclette-Käse
in Scheiben · 150 g Gorgonzola
im Stück · 250 g Weintrauben
150 g Butter · Salz im Streuer
Pfeffer in der Mühle

Klassisches Rezept

Pro Portion etwa:
3300 kJ/710 kcal
Zubereitungszeit: 40 Minuten

Die Kartoffeln gründlich unter fließend kaltem Wasser waschen und bürsten. In der Schale in Salzwasser mit dem Kümmel in 25–30 Minuten nicht zu weich garen. • Die Petersilie waschen und trockenschütteln. Die Zucchini waschen, von den Stiel- und Blütenansätzen befreien und in dünne Scheiben schneiden. • Die Champignons waschen und je nach Größe halbieren oder vierteln. • Die Paprikaschoten halbieren, von den Stielansätzen, den Kernen und den Trennwänden befreien, waschen und in feine Streifen schneiden. • Die Mixed Pickles abtropfen lassen. • Den Schinken je nach Größe einmal durchschneiden und auf einer Platte anrichten. • Den Raclette-Käse auf einem Käsebrett oder einer Platte anrichten. Den Gorgonzola nach Belieben im Stück mit einem Käsemesser oder in dünne Streifen geschnitten dazugeben. • Die Trauben waschen, trockentupfen und den Käse damit garnieren. • Das Gemüse in zwei flachen Schalen anrichten. • Die Mixed Pickles in ein Schälchen geben. • Die Butter in einer Butterdose oder auf einem Teller anrichten. • Die Kartoffeln abgießen und in zwei Servierschüsseln geben. • Die Beilagen mit kleinen Petersilienzweigen garnieren. Alle Zutaten, den Salzstreuer und die Pfeffermühle um das Raclettegerät verteilen. • Die Kartoffeln kann sich jeder Teilnehmer bei Tisch, während die erste Portion Raclette im Pfännchen brutzelt, selber schälen und mit Butter, Salz und Pfeffer essen oder im Pfännchen mit den verschiedenen Zutaten zubereiten.

<u>Das müssen Sie vorbereiten:</u>
Den Tisch für 6 Personen mit Eßtellern, Messern, Gabeln, den zum Raclette gehörenden Holzspateln, Servietten und Gläsern decken. Als Getränke passen sehr gut Bier, Mineralwasser und Saft dazu.
Das Raclettegerät mit den dazugehörenden Pfännchen in der Mitte des Tisches plazieren und erst kurz vor dem Essen anschließen. Weisen Sie Ihre Gäste, wenn nötig, auf das am Boden liegende Elektrokabel hin.

<u>So wird's gemacht:</u>
Beim Raclettteessen können Sie sich ganz Ihren Gästen widmen. Jeder Gast kann aus den vorbereiteten Zutaten je nach Lust, Laune und Appetit seine eigenen Köstlichkeiten brutzeln. Jeder füllt seine Lieblingszutaten mit dem Käse in das kleine Pfännchen und stellt es ins Gerät.
Je nach Gerät können Sie das Gemüse auch auf dem Raclettegerät garen. Dafür etwas Butter auf die heiße Platte geben, schmelzen lassen, das Gemüse mischen und darauf verteilen. Mit dem Holzspatel mehrmals wenden, bis es goldgelb gebräunt ist. Auch Fleisch können Sie so zubereiten. Beim Kombinieren der Zutaten sind Ihrer Phantasie keine Grenzen gesetzt.

Nudeln schmecken immer

Aus kleinen Vorräten einfach zuzubereiten

Lasagne mit Ratatouille

im Bild links

Zutaten für 6 Personen:
- 3 Pakete tiefgefrorenes Ratatouillegemüse (je etwa 300 g)
- 80 g Butter · 80 g Mehl
- 1/2 l Milch · 1/4 l kräftige Fleischbrühe · 250 g Sahne
- 4 Eßl. Worcestersauce · 2 Eßl. Zitronensaft · 2 Päckchen tiefgefrorener Schnittlauch · Salz
- weißer Pfeffer, frisch gemahlen
- 350 g Lasagnenudeln ohne Vorkochen

Preiswert

Pro Portion etwa:
2600 kJ/620 kcal
Zubereitungszeit:
50–55 Minuten

Das Ratatouille unaufgetaut mit 1/8 l Wasser in eine große mikrowellengeeignete Schüssel mit Deckel geben. Zugedeckt bei Mikrowellenleistung 600 Watt in 10–12 Minuten auftauen lassen. Oder nach Anweisung auf der Packung garen. • Inzwischen die Butter schmelzen und das Mehl darin unter Rühren anschwitzen. Mit der Milch, der Brühe und der Sahne ablöschen. Die Sauce verrühren und 3–5 Minuten bei mittlerer Hitze köcheln lassen. • Den Backofen auf 160–180° (Gas: Stufe 2–2 1/2) vorheizen. • Die Worcestersauce, den Zitronensaft und den Schnittlauch mit der Sauce mischen und mit Salz und Pfeffer würzen. • Eine kleine Schöpfkelle mit Sauce auf den Boden einer großen Auflaufform verteilen. Das Ratatouille abtropfen lassen und mit der restlichen Sauce mischen. • Die Nudelplatten mit dem Ratatouille lagenweise in die Form einschichten, bis die Zutaten aufgebraucht sind. Mit einer Saucenschicht abschließen. Im Backofen (unten) in 30–35 Minuten backen.

Walnuß-Steinpilz-Nudeln ✓

im Bild rechts

Zutaten für 6 Personen:
- 30 g getrocknete Steinpilze
- 100 g Zwiebeln · 1/2 Knoblauchzehe · 60 g Butter · 60 g Mehl
- 1/4 l kräftige Fleischbrühe
- 400 g Sahne
- 500 g grüne Bandnudeln · Salz
- 150 g halbe Walnußkerne
- weißer Pfeffer, frisch gemahlen
- 3 Eßl. Worcestersauce · 2 Eßl. Zitronensaft · 1 Prise Muskatnuß, frisch gerieben

Blitzrezept · Gelingt leicht

Pro Portion etwa:
3300 kJ/790 kcal
Zubereitungszeit: 20 Minuten

Die Steinpilze in einem Sieb unter fließend kaltem Wasser gründlich waschen. Die Pilze in eine Schüssel geben, mit 1/4 l heißem Wasser übergießen und 10–15 Minuten quellen lassen. • Die Zwiebeln und die halbe Knoblauchzehe schälen und sehr fein hacken. Die Butter in einem Topf erhitzen und die Zwiebeln mit der Knoblauchzehe bei mittlerer Hitze glasig braten. Mit dem Mehl bestäuben, dieses unter Rühren anschwitzen und mit der Brühe und der Sahne gut verrühren. Etwa 1/8 l von dem Einweichwasser der Steinpilze untermischen und 3–5 Minuten bei schwacher Hitze köcheln lassen. • Die Nudeln in sprudelnd kochendem Salzwasser bißfest garen. • Die Walnußkerne grob hacken. Die Steinpilze in feine Streifen schneiden. Die Walnüsse und die Steinpilze mit der Sauce mischen und einmal aufkochen. Mit Salz, Pfeffer, der Worcestersauce, dem Zitronensaft und dem Muskat kräftig würzen. • Die Nudeln abgießen, kalt abschrecken, und getrennt zur Sauce servieren oder mit der Sauce mischen.

Zwei edle Nudelgerichte

Mit gebratenem Roastbeef oder Krabben mit viel Knoblauch

Gemüse-Roastbeef-Pfanne ✓

im Bild links

Zutaten für 4 Personen:
250 g Bandnudeln · Salz
2 Bund Frühlingszwiebeln
300 g Möhren · 2 Eßl. Butter
300 g Roastbeefaufschnitt
weißer Pfeffer, frisch gemahlen
4 Eßl. Sojasauce · 4 Eßl. süß-saure Chilisauce · 1 Eßl. Zitronensaft · Sambal Oelek
150 g Crème fraîche

Gelingt leicht · Blitzrezept

Pro Portion etwa:
2400 kJ/570 kcal
Zubereitungszeit: 20 Minuten

Die Nudeln in reichlich sprudelnd kochendem Salzwasser bißfest garen. • Die Frühlingszwiebeln und die Möhren putzen. Die Zwiebeln schräg in 1–2 cm breite Stücke schneiden. Die Möhren grob reiben. • Die Butter in einer Pfanne erhitzen und die Frühlingszwiebeln darin anbraten. Die Möhren hinzufügen und zugedeckt bei mittlerer Hitze in 5–10 Minuten bißfest dünsten. • Den Roastbeefaufschnitt in Streifen schneiden. • Das Gemüse mit Salz, Pfeffer, der Sojasauce, der Chilisauce, dem Zitronensaft und ganz wenig Sambal Oelek würzen. Das Roastbeef unter das Gemüse mischen und mit der Crème fraîche anrichten. Die Nudeln getrennt dazu reichen.

Knoblauch-Garnelen auf Butternudeln ✓

im Bild rechts

Zutaten für 4 Personen:
400 g grüne Nudeln · Salz
6 Fleischtomaten · 3 Eßl. kaltgepreßtes Olivenöl
1 1/2 Eßl. Aceto balsamico
2 Spritzer flüssiger Süßstoff oder 1 Prise Zucker
weißer Pfeffer, frisch gemahlen
150 g Mozzarella · einige Basilikumblättchen · 120 g Butter
4 Koblauchzehen
500 g rohe Garnelen

Etwas teurer • Blitzrezept

Pro Portion etwa:
3700 kJ/880 kcal
Zubereitungszeit: 25 Minuten

Die Nudeln in kochendem Salzwasser bißfest garen. • Inzwischen die Tomaten waschen, von den Stielansätzen befreien und in Scheiben schneiden. Die Tomatenscheiben schuppenförmig auf einer Platte anordnen. Das Öl mit dem Essig, dem Süßstoff oder dem Zucker, Salz und Pfeffer verschlagen und über die Tomaten träufeln. • Den Mozzarella abtropfen lassen, in Scheiben schneiden und zwischen den Tomaten anordnen. Die Basilikumblättchen waschen, trockentupfen und den Salat damit garnieren. • Die Nudeln abgießen, kalt abschrekken und abtropfen lassen. Etwa 100 g Butter schmelzen und die Nudeln darin bei schwacher Hitze warm halten. • Die Knoblauchzehen schälen. Die restliche Butter erhitzen. Die Knoblauchzehen durch die Presse dazudrücken und darin glasig braten. • Die Garnelen darin bei mittlerer Hitze 2–3 Minuten unter mehrfachem Wenden braten. Mit Salz und Pfeffer würzen. Die Nudeln mit den Garnelen anrichten und mit dem Tomatensalat servieren.

Kartoffelgerichte mit Pfiff

Aus wenigen Zutaten ein tolles Gästeessen

Kartoffel-Tomaten-Pfanne

im Bild links

Zutaten für 4 Personen:
800 g Kartoffeln · 4 Eßl. Butter
200 g Zwiebeln · 115 g Pfifferlinge aus dem Glas
480 g geschälte Tomaten aus der Dose · 1 Bund Schnittlauch (oder 1 Päckchen tiefgefrorener) · Salz · weißer Pfeffer, frisch gemahlen · Paprikapulver, edelsüß · 4–8 Eier

Preiswert

Pro Portion etwa:
1700 kJ/400 kcal
Zubereitungszeit: 35 Minuten

Die Kartoffeln schälen, waschen und in etwa 1 cm große Würfel schneiden. Etwa 3 Eßlöffel Butter in einer großen Pfanne erhitzen und die Kartoffeln darin bei mittlerer Hitze 25–30 Minuten unter gelegentlichem Wenden braten. • Die Zwiebeln schälen und in feine Ringe schneiden, sofort zu den Kartoffeln geben und mitbraten. • Die Pfifferlinge und die Tomaten auf einem Sieb abtropfen lassen. • Den Schnittlauch waschen, trockenschütteln und in feine Röllchen schneiden. Die Tomaten in Würfel schneiden. • Die Tomatenwürfel und die Pfifferlinge etwa 5 Minuten vor dem Ende der Garzeit zu den Kartoffeln geben und mitschmoren. Mit Salz, Pfeffer und Paprikapulver würzen. • In einer zweiten Pfanne die restliche Butter erhitzen und darin die Eier zu Spiegeleiern braten, mit Salz und Pfeffer würzen und mit den Kartoffeln angerichtet servieren.

Kartoffelpuffer mit Spinat ✓

im Bild rechts

Zutaten für 4 Personen:
600 g tiefgefrorener Blattspinat
6 tiefgefrorene Kartoffelpuffer
200 g Zwiebeln
2 Knoblauchzehen
2 Eßl. Olivenöl · 500 g gemischtes Hackfleisch · Salz
weißer Pfeffer, frisch gemahlen
1 Eßl. mittelscharfer Senf
150 g Schafkäse · Muskatnuß, frisch gemahlen

Raffiniert • Blitzrezept

Pro Portion etwa:
4000 kJ/950 kcal
Zubereitungszeit: 25 Minuten

Den Spinat unaufgetaut mit 1/8 l Wasser in einem geschlossenen Topf bei schwacher Hitze in etwa 15 Minuten auftauen lassen. Den Spinat zwischendurch mit einer Gabel auflockern. • Inzwischen die Kartoffelpuffer unaufgetaut auf ein Backblech legen und nach den Angaben auf der Packung im Backofen knusprig backen. • Die Zwiebeln und die Knoblauchzehen schälen und fein hacken. • Das Öl in einer Pfanne erhitzen und die Zwiebeln mit den Knoblauchzehen darin glasig braten. Das Hackfleisch hinzufügen und mit Salz, Pfeffer und dem Senf würzen. Das Fleisch bei mittlerer Hitze in 4–6 Minuten kräftig anbraten. • Den Schafkäse in kleine Würfel schneiden. • Den Spinat abgießen, mit dem Hackfleisch und dem Käse mischen. Mit Muskat, Salz und Pfeffer würzen. • Die Kartoffelpuffer auf einer vorgewärmten Platte anrichten und die Spinat-Hackfleisch-Mischung darauf verteilen. Mit Tomatensalat servieren.

Mein Tip: Sie können die Kartoffelpuffer auch aus Kloßteig (Fertigprodukt aus der Kühltheke) in der Pfanne zubereiten.

Risotto oder Auflauf für unerwarteten Besuch

Wer Dosentomaten und Tiefkühlgemüse immer vorrätig hat, ist für alle Fälle gerüstet

Risotto mit Gemüse ✓

im Bild links

Zutaten für 4 Personen:
3 Eßl. Maiskeimöl · 2 Päckchen tiefgefrorenes Suppengrün (je etwa 50 g) · 250 g Langkornreis
1/2 l heiße Hühnerbrühe
300 g tiefgefrorenes Mischgemüse nach Geschmack (zum Beispiel Möhren mit Zuckerschoten) · Salz · weißer Pfeffer, frisch gemahlen · 2 Spritzer Worcestersauce

Preiswert • Blitzrezept

Pro Portion etwa:
1500 kJ/360 kcal
Zubereitungszeit: 30 Minuten

Das Öl in einem Topf erhitzen und das Suppengrün bei mittlerer Hitze darin 3–4 Minuten braten. • Den Reis dazugeben und unter Rühren glasig braten. Mit der Brühe aufgießen. Bei starker Hitze im offenen Topf in 8–10 Minuten einkochen lassen, bis an der Reisoberfläche kleine Bläschen entstehen. Dabei gelegentlich umrühren. Dann zugedeckt bei schwacher Hitze 10–12 Minuten quellen lassen. • Das Mischgemüse nach Angaben auf der Packung im Topf oder in der Mikrowelle dünsten. Für die Zubereitung mit Mikrowellen eine große mikrowellengeeignete Servierschüssel mit Deckel nehmen. • Den Reis zum gegarten Gemüse geben, mischen und mit Salz, Pfeffer und der Worcestersauce abschmecken.

Mein Tip: Dazu können Sie eine Tomatensauce oder eine Kräutersauce ohne Ei (Seite 50) servieren. Die Sauce können Sie zubereiten, während der Reis quillt. Besonders gut schmeckt das Gericht, wenn Sie 250 g Crème fraîche und 1 Päckchen tiefgefrorenen Schnittlauch unter den fertigen Reis mischen.

Käsesoufflé ✓

im Bild rechts

Zutaten für 4 Personen:
5 Eiweiß · 70 g Butter · 5 Eigelb
Salz · weißer Pfeffer, frisch gemahlen · Muskatnuß, frisch gerieben · 50 g Sahne
150 g Emmentaler, frisch gerieben · 2 Eßl. Mehl
Für die Form:
Butter · Semmelbrösel

Preiswert • Blitzrezept

Pro Portion etwa:
1900 kJ/450 kcal
Zubereitungszeit: 25 Minuten

Den Backofen auf 180–200° (Gas: Stufe 2 1/2) vorheizen. Eine halbhohe Auflaufform einfetten und mit Semmelbröseln ausstreuen. • Die Eiweiße steif schlagen. • Die Butter in eine mikrowellengeeignete Rührschüssel geben und bei Mikrowellenleistung 600 Watt in 10–20 Sekunden geschmeidig werden lassen oder vor dem Rühren rechtzeitig aus dem Kühlschrank nehmen, damit sie weich wird. • Die Butter mit den Eigelben schaumig rühren. Mit Salz, Pfeffer und Muskat würzen. Die Sahne und den geriebenen Käse untermischen. Den Eischnee und das Mehl vorsichtig unterheben. Die Masse in die Auflaufform füllen und im Backofen (unten) in 15–20 Minuten backen, bis die Masse goldgelb gebräunt ist. Das Soufflé sofort mit einem Salat servieren.

Herzhafte Pasteten

Mit Kalbsbrät oder Mett gefüllt

Kalbsbrätpastete

im Bild links

Zutaten für 6 Personen:
300 g tiefgefrorener Blätterteig
300 g tiefgefrorenes Balkangemüse · 700 g Kalbsbrät
1 Teel. mittelscharfer Senf
Salz · weißer Pfeffer, frisch gemahlen · 1 Päckchen tiefgefrorener Schnittlauch · 1 Eiweiß · 1 Eigelb · 1 Eßl. Sahne
250 g Crème fraîche
250 g Sahnequark · 2 Päckchen gemischte tiefgefrorene Kräuter
Für die Arbeitsfläche: Mehl
Für das Blech: Backpapier

Gelingt leicht

Pro Portion etwa:
3300 kJ/790 kcal
Zubereitungszeit: 1 Stunde

Den Blätterteig ausbreiten und auftauen lassen. • Das Balkangemüse nach der Anweisung auf der Packung zubereiten. • Das Backblech mit Backpapier auslegen. • Den Backofen auf 160–180° (Gas: Stufe 2 1/2) vorheizen. • Das Kalbsbrät in einer Schüssel mit dem Senf und dem Balkangemüse ohne die Flüssigkeit verkneten. Mit Salz, Pfeffer und dem Schnittlauch würzen. • Die Teigplatten aufeinander legen und auf der bemehlten Arbeitsfläche zu einem Rechteck von etwa 35 x 45 cm ausrollen. • Das Kalbsbrät der Länge nach wie ein Kastenbrot geformt in der Mitte des Teiges anrichten. • Die Teigränder mit Eiweiß bestreichen, die Längsseiten über die Füllung klappen und fest andrücken. • Die Pastete mit der Nahtstelle nach unten auf das Backblech legen. Das Eigelb mit der Sahne verrühren und die Pastete damit bestreichen. • Im Backofen (unten) in 30–40 Minuten backen. • Die Crème fraîche mit dem Quark, den Kräutern, Salz und Pfeffer verrühren und zur Pastete servieren.

Mettpastete

im Bild rechts

Zutaten für 4–6 Personen:
300 g tiefgefrorener Blätterteig
200 g Tomaten
8 Cornichons · 500 g Mett · Salz
weißer Pfeffer, frisch gemahlen
1 Eßl. Semmelbrösel · 1 Eiweiß
1 Eigelb · 1 Eßl. Milch
Für die Arbeitsfläche: Mehl
Für das Blech: Backpapier

Gelingt leicht • Preiswert

Bei 6 Personen pro Portion etwa: 2400 kJ/570 kcal
Zubereitungszeit: 1 Stunde

Den Blätterteig ausbreiten und auftauen lassen. • Die Tomaten waschen und ohne die Blütenansätze in Scheiben schneiden. Die Cornichons in dünne Scheiben schneiden.
• Die Arbeitsfläche mit Mehl bestäuben. Die aufgetauten Blätterteigplatten aufeinanderlegen und zu einem Rechteck von etwa 30 x 35 cm ausrollen. Den Backofen auf 150–170° (Gas: Stufe 2–2 1/2) vorheizen. • Das Mett der Länge nach in die Mitte des Teiges geben. Die Tomaten- und die Cornichonscheiben auf dem Mett verteilen. Mit Salz und Pfeffer würzen. Die Semmelbrösel auf die unbelegten Stellen des Teigs streuen. Die Teigränder mit dem Eiweiß bepinseln. Die Längsseiten über die Füllung klappen und fest andrücken.
• Das Backblech mit Backpapier auslegen. Die Pastete mit der Nahtstelle nach unten darauf legen. Das Eigelb mit der Milch verquirlen und die Pastete damit bestreichen. Im Backofen (unten) in 35–40 Minuten backen. Mit Tomatensalat servieren.

Raffinierte Fischtorten

Dazu schmeckt ein kühles Bier

Thunfischtorte

im Bild links

Zutaten für 1 Springform von 26 cm Ø:
- 3 tiefgefrorene Blätterteigplatten · 2 Dosen Thunfisch, naturell (Einwaage je 150 g)
- 2 Päckchen tiefgefrorene Petersilie (ersatzweise 1 1/2 Bund Petersilie, frisch gehackt)
- 200 g Crème fraîche · 1 Ei
- Schale und Saft von 1/2 unbehandelten Zitrone · Salz
- weißer Pfeffer, frisch gemahlen
- Für die Arbeitsfläche: Mehl
- Für die Form: Butter

Gelingt leicht

Bei 8 Personen pro Portion etwa: 1500 kJ/360 kcal
Zubereitungszeit: 1 Stunde

Die Blätterteigplatten ausbreiten und auftauen lassen. Inzwischen die Form einfetten. Den Thunfisch abtropfen lassen. • Die Petersilie mit dem Thunfisch, der Crème fraîche, dem Ei, der Zitronenschale und dem -saft mischen. Mit Salz und Pfeffer würzen. • Den Backofen auf 150–170° (Gas: Stufe 2–2 1/2) vorheizen. • Die aufgetauten Teigplatten übereinander legen und auf der bemehlten Arbeitsfläche zu einem Quadrat von etwa 28 x 28 cm ausrollen. Die Form damit auslegen, den Rand rundherum begradigen und den Teigboden mehrmals mit einer Gabel einstechen. • Die Thunfischcreme darauf verteilen. Die Torte im Backofen (unten) in 35–40 Minuten backen.

Mein Tip: Die Torte reicht für 4 Personen als Snack zum Bier. Für 8 Personen als Vorspeise mit etwas Kopfsalat und Tomaten anrichten.

Blätterteigtorte mit geräuchertem Fisch

im Bild rechts

Zutaten für eine Springform von 26 cm Ø:
- 300 g tiefgefrorener Blätterteig
- 250 g Crème fraîche · 3 Eier
- Salz · weißer Pfeffer, frisch gemahlen · 1 Päckchen tiefgefrorene Petersilie · Estragon (in Öl eingelegt oder getrocknet)
- 300 g geräucherter Heilbutt
- 300 g geräucherte Makrelen
- 100 g geräucherte Schillerlocken
- Für die Form: Butter
- Für die Arbeitsfläche: Mehl

Anspruchsvoll

Bei 8 Personen pro Portion etwa: 2100 kJ/500 kcal
Zubereitungszeit: 1 Stunde

Den Blätterteig ausbreiten und auftauen lassen. Die Form einfetten. • Die Crème fraîche mit den Eiern verschlagen und mit Salz, Pfeffer, der Petersilie und Estragon würzen. • Den Backofen auf 160–180° (Gas: Stufe 2–2 1/2) vorheizen. • Von dem Heilbutt und den Makrelen die Haut und die Gräten entfernen. • Den Blätterteig aufeinanderlegen und auf der bemehlten Arbeitsfläche ausrollen. Den Boden und den Rand der Form damit auslegen. Den Teigboden mehrmals mit der Gabel einstechen und mit den geräucherten Fischen belegen. • Die Crème fraîche mit den Eiern über den Fisch gießen. Die Torte im Backofen (unten) in 30–40 Minuten goldbraun backen. Mit gemischtem Salat servieren.

Variante: Etwas teurer wird's, wenn Sie den geräucherten Fisch durch je 350 g geräucherten Lachs und geräucherten Aal ersetzen.

Gemütlich frühstücken ...

... am Wochenende mit Freunden oder mit der Familie

Die Gerichte bereiten Sie am besten erst am Morgen zu. Wenn Sie gezielt vorgehen, ist das Frühstück für 6–8 Personen in etwa 1 Stunde fertig. Den Tisch können Sie bereits in Ruhe am Vorabend decken und je nach Anlaß und Jahreszeit schmücken (siehe Seite 9). Stellen Sie sich auch Kaffee- und Teekannen, Brotkörbe, Platten und Schüsseln bereit. Zutaten, die nicht im Kühlschrank aufbewahrt werden müssen, können am Vorabend in Reichweite gestellt werden. Auch die Eier für den Eiersalat können Sie schon kochen.

Am nächsten Morgen gehen Sie am besten so vor:
- Die Blätterteigpastete vorbereiten und in den Backofen geben.
- Den Eiersalat zubereiten.
- Dann die Gorgonzola-Birnen herstellen.
- Den Bananenquark anrühren.
- Wenn nötig die Brötchen aufbacken. Rechnen Sie für 6–8 Personen 12–18 Brötchen und je 1–2 Scheiben Brot, zum Beispiel Vollkornbrot oder Hefezopf.
- Den Schinken, den Käse, den Fisch auf Platten anrichten.
- 200 g Butter in 2 Butterdosen anrichten.

Blätterteigpastete mit Obst und Putenbrust

im Bild ganz links

Zutaten für 6–8 Personen:
470 g Pfirsichhälften oder Ananasringe aus der Dose
300 g Blätterteig aus dem Kühlregal · 9 große Scheiben geräucherte Putenbrust · 200 g Emmentaler, frisch gerieben · 1 Eiweiß · 1 Eigelb · 1 Eßl. Sahne
Für das Blech: Backpapier
Für die Arbeitsfläche: Mehl

Gelingt leicht

Bei 8 Personen pro Person etwa: 1300 kJ/310 kcal
Zubereitungszeit: 1 Stunde

Die Pfirsiche oder die Ananas abtropfen lassen. • Die Teigplatten auf einer bemehlten Arbeitsfläche aufeinander legen und zu einem Rechteck von etwa 35 x 45 cm ausrollen. • Den Backofen auf 150–170° (Gas: Stufe 2) vorheizen. • Das mittlere Teigdrittel der Länge nach mit 3 Scheiben Putenbrust belegen. Ein Drittel von den Pfirsichen oder Ananas gleichmäßig darauf verteilen und mit einem Drittel Käse bestreuen. Diesen Vorgang in der gleichen Reihenfolge noch zweimal wiederholen, bis die Früchte, die Putenbrust und der Käse aufgebraucht sind. • Die Teigränder mit dem Eiweiß bestreichen. Die Längsseiten über die Füllung klappen und fest andrücken. • Das Blech mit Backpapier auslegen. Die Pastete mit der Nahtstelle nach unten darauf legen. Das Eigelb mit der Sahne verquirlen und die Pastete damit bestreichen. Die Pastete im Backofen (unten) 35–40 Minuten backen.

Eiersalat ✓

im Bild links

Zutaten für 6–8 Personen:
6 hartgekochte Eier · 125 g Mayonnaise · 3 Eßl. Joghurt (3,5% Fett) · 2 Eßl. Tomatenketchup · 1/2 Eßl. mittelscharfer Senf · Salz · weißer Pfeffer, frisch gemahlen · 1 Eßl. Zitronensaft · 2 Päckchen tiefgefrorene Salatkräuter · etwas Kresse zum Garnieren

Preiswert · Blitzrezept

Bei 8 Personen pro Person etwa: 770 kJ/180 kcal
Zubereitungszeit: 10 Minuten

Die Eier pellen und fein würfeln. • Die Mayonnaise mit dem Joghurt, dem Ketchup und dem Senf verrühren. Die Sauce mit Salz, Pfeffer, dem Zitronensaft und den Kräutern würzen. Die Eier unterheben und den Salat mit der Kresse in einer Schüssel anrichten.

Gorgonzola-Birnen ✓

im Bild Mitte vorne

Zutaten für 6–8 Personen:
3 mittelgroße vollreife Williams-Christbirnen mit Stengel
Saft von 1 Zitrone · 100 g Gorgonzola · 100 g Magerquark
Salz · weißer Pfeffer, frisch gemahlen · 6–8 Teel. Preiselbeerkompott (ersatzweise Johannis- oder Brombeergelee)

Gelingt leicht · Blitzrezept

Bei 8 Personen pro Portion etwa: 340 kJ/88 kcal
Zubereitungszeit: 10 Minuten

Die Birnen schälen, mit dem Stengel halbieren, vom Kerngehäuse und den harten Fasern zwischen Gehäuse und Stengel befreien. Die Birnenhälften mit der Hälfte des Zitronensaftes beträufeln. • Den Gorgonzola mit dem restlichen Zitronensaft und dem Quark mit dem Pürierstab glattrühren. • Die Käsecreme mit wenig Salz und Pfeffer würzen und auf den Birnenhälften verteilen. • Mit je 1 Teelöffel Preiselbeerkompott oder Gelee garnieren.

Bananenquark ✓

im Bild Mitte hinten

Zutaten für 6–8 Personen:
2 große vollreife Bananen
500 g Magerquark
200 g Sahne
2 Eßl. Nußmus (Reformhaus)
Saft von 1 Zitrone · 1 Päckchen Vanillinzucker · Zucker nach Belieben · 1 Kiwi

Preiswert · Blitzrezept

Bei 8 Personen pro Portion etwa:
840 kJ/200 kcal
Zubereitungszeit: 10 Minuten

Die Bananen schälen. Mit dem Quark, der Sahne, dem Nußmus und dem Zitronensaft in einer Rührschüssel mit dem Pürierstab pürieren. • Den Bananenquark mit dem Vanillinzucker und eventuell Zucker abschmecken und in eine Schüssel geben. • Die Kiwi schälen, in Scheiben schneiden und den Bananenquark damit verzieren.

Mein Tip: Besonders locker wird die Quarkspeise, wenn Sie etwa 100 g von der Sahne steif schlagen und unterheben. Dazu paßt eine Müsli-Mischung oder Mehrkornflocken.

Schinkenteller ✓

im Bild vorne

Zutaten für 6–8 Personen:
einige Stengel Petersilie
1/2 Bund Radieschen · 3 verschiedene Sorten Schinken (je etwa 80 g; zum Beispiel gekochter Schinken, Lachsschinken und Katenschinken) · etwas Remoulade aus der Tube

Gelingt leicht · Blitzrezept

Bei 8 Personen pro Portion etwa:
340 kJ/81 kcal
Zubereitungszeit: 10 Minuten

Die Petersilie und die Radieschen waschen. Die Radieschen putzen. • Den Schinken auf einer Platte anrichten. Mit der Petersilie, den Radieschen und der Remoulade garnieren.

Käsebrett ✓

im Bild rechts

Zutaten für 6–8 Personen:
4–6 verschiedene Käsesorten (je etwa 50 g; zum Beispiel Walnußkäse, milder Edelpilzkäse, milder Ziegenkäse und Gouda oder Emmentaler, Brie oder Camembert) · 100 g Erdbeeren oder Weintrauben

Gelingt leicht · Blitzrezept

Bei 8 Personen pro Portion etwa:
740 kJ/180 kcal
Zubereitungszeit: 10 Minuten

Den Käse auf einem Brett oder einer Platte anrichten. • Die Früchte waschen, trockentupfen und mit den Stielen auf dem Brett oder der Platte verteilen.

Fischteller ✓

im Bild ganz rechts

Zutaten für 6–8 Personen:
einige Stengel Dill · 100 g geräucherter Lachs oder Aal
100 g Fischpasteten in vier verschiedenen Sorten
100–200 g gekaufter Fischsalat (zum Beispiel Krabben- oder Heringssalat)

Blitzrezept

Bei 8 Personen pro Portion etwa:
590 kJ/140 kcal
Zubereitungszeit: 10 Minuten

Den Dill waschen, trockenschwenken und von den Stielen zupfen. Den Lachs oder den Aal, die Fischpasteten und den Fischsalat auf einer Platte anrichten und mit den Dillzweigen garnieren.

Ein edles Menü für 4

Zum Auftakt Räucherlachs, als Hauptgang Rinderfilet und als Dessert Himbeersorbet

Damit alles reibungslos verläuft, hat sich folgende Arbeitsteilung bewährt:
Bevor die Gäste kommen:

- Rechtzeitig den Tisch decken und das Geschirr bereitstellen.
- Alle Zutaten für den Salat und die Marinade vorbereiten, abdecken und kühl stellen.
- Den Kräuterdip zubereiten, in eine Sauciere füllen und abgedeckt kalt stellen.
- Die Zwiebeln in der Butter dünsten und im Topf bereitstellen.
- Die Steakpfanne griffbereit stellen.
- Für die Vorspeise die Zutaten vorbereiten und in den Kühlschrank stellen.
- Für das Dessert die Mascarpone anrühren.
- Die Kartoffeln waschen und in einen Topf mit dem Wasser auf die Herdplatte stellen.

Wenn der Besuch da ist:

- Die Kartoffeln garen.
- Während die Gäste das Aperitiv trinken, die Vorspeise auf Tellern anrichten und mit den Baguettebrötchenscheiben und der Butter servieren.
- Zwischen Vorspeise und Hauptgang den Salat auf den Tellern mit der Marinade beträufeln. Die Steaks braten, die Zwiebeln erwärmen und die Kartoffeln pellen.

Nach dem Hauptgang das Sorbet zubereiten.

Räucherlachs mit Honigmelone ✓

im Bild links

Zutaten für 4 Personen:
200 g Sahne · Meerrettich aus dem Glas · 1 unbehandelte Zitrone · einige Blättchen Zitronenmelisse oder Dillzweige zum Garnieren · 1 kleine, gut gekühlte Honigmelone
12 dünne Scheiben geräucherter Lachs · 2 Baguettebrötchen
Butter

Anspruchsvoll · Blitzrezept

Pro Portion etwa:
2200 kJ/520 kcal
Zubereitungszeit: 10 Minuten

Die Sahne steif schlagen und Meerrettich nach Belieben unterheben. Die Meerrettichsahne in einen Spritzbeutel mit großer Lochtülle füllen und in den Kühlschrank legen. • Die Zitrone heiß abwaschen und trockenreiben. Mit einem Zitrusschalenreißer feine Streifen von der Schale zum Garnieren abschälen. • Die Zitronenmelisse oder Dillzweige waschen und trockenschütteln. • Die Melone halbieren und mit einem Löffel die Kerne entfernen. Das Fruchtfleisch mit einem Kugelausstecher herauslösen. • Die Honigmelonenkugeln auf vier Teller verteilen. • Die Meerrettichsahne in Tupfen auf die Teller spritzen und diese mit der Zitronenmelisse oder Dill garnieren. • Jeweils 3 Scheiben Lachs locker auf den Tellern anrichten. Mit den Zitronenschalenstreifen bestreuen. • Die Baguettebrötchen in Scheiben schneiden. Den Räucherlachs mit dem Brot und Butter servieren.

Mein Tip: Wenn Sie keinen Kugelausstecher haben, können Sie die Vorspeise auch mit Melonenspalten anrichten. Dafür die Melonenhälften in schmale Spalten schneiden.

Rinderfiletsteaks auf Lollo rosso mit Pellkartoffeln

im Bild Mitte

Zutaten für 4 Personen:
750 g Kartoffeln
Für den Salat: 1 großer oder 2 kleine Lollo rosso (oder anderer Blattsalat) · 20 Kirschtomaten
300 g mittelgroße Champignons · 6 Eßl. Olivenöl · 3 Eßl. Aceto balsamico · Salz · weißer Pfeffer, frisch gemahlen
2–3 Spritzer Süßstoff oder 1 Prise Zucker
Für den Kräuterdip:
300 g Schmand (saure Sahne; 24% Fett) · 6 Eßl. Sahne
2 Päckchen tiefgefrorene Salatkräuter · 1 Päckchen tiefgefrorene Petersilie · Salz · weißer Pfeffer, frisch gemahlen
Für das Fleisch: 200 g rote Zwiebeln · 2 Eßl. Butter · 4 Rinderfiletsteaks (je etwa 180 g)
schwarzer Pfeffer, frisch gemahlen · 2 Eßl. Butterschmalz
Salz

Anspruchsvoll

Pro Portion etwa:
3000 kJ/ 710 kcal
Zubereitungszeit: 35 Minuten

Die Kartoffeln waschen und in Wasser in etwa 25 Minuten garen. • Inzwischen den Salat waschen, in mundgerechte Stücke zupfen und abtropfen lassen. • Die Tomaten waschen und abtropfen lassen. Die Champignons waschen und blättrig schneiden. • Das Öl mit dem Essig verrühren, mit Salz, Pfeffer und dem Süßstoff oder dem Zucker würzen. • Für den Kräuterdip den Schmand mit der Sahne glattrühren. Die Salatkräuter und die Petersilie untermischen. Den Dip mit Salz und Pfeffer würzen. • Für das Fleisch die Zwiebeln schälen und in feine Ringe schneiden. Die Butter in einem Topf schmelzen und die Zwiebeln darin glasig dünsten. Dann beiseite stellen. • Eine Steakpfanne ohne Fett erhitzen. Die Steaks mit Pfeffer würzen und in die sehr heiße Pfanne legen. Das Fleisch von jeder Seite bei mittlerer Hitze 1/2–1 Minute anbraten. • Das Butterschmalz vorsichtig hinzufügen und die Steaks von jeder Seite weitere 4–5 Minuten braun braten. Dann leicht salzen. • Inzwischen den Salat mit den Tomaten und den Champignons portionsweise auf den Tellern oder auf einer großen Platte anrichten. Die Marinade nochmals verrühren und über den Salat träufeln. • Die Kartoffeln pellen und warm halten. • Die Zwiebeln kurz erwärmen. Die Steaks auf dem Salat mit den Zwiebelringen anrichten. Mit den Pellkartoffeln und dem Dip servieren.

Himbeersorbet ✓

im Bild rechts

Zutaten für 4 Personen:
600 g tiefgefrorene Himbeeren
3 Eßl. Mascarpone · 1 Eßl. Sahne · 2 Eßl. Zitronensaft
1/2 Päckchen Vanillinzucker
4 Eßl. Himbeergeist
4 Eßl. Zucker
4 Minzeblättchen oder 1 Eßl. gehackte Pistazienkerne

Gelingt leicht · Blitzrezept

Pro Portion etwa:
440 kJ/100 kcal
Zubereitungszeit: 15 Minuten

Die Himbeeren etwa 10 Minuten bei Zimmertemperatur antauen lassen. • Inzwischen die Mascarpone mit der Sahne, dem Zitronensaft und dem Vanillinzucker verschlagen. Etwa 4 Himbeeren zum Garnieren beiseite stellen. • Die restlichen Himbeeren unaufgetaut mit dem Himbeergeist und dem Zucker pürieren. Das Sorbet sofort in Dessertschalen oder Gläser füllen. Mit der Mascarponecreme, je 1 Himbeere und 1 Minzeblättchen oder gehackten Pistazien garnieren und sofort servieren.

Varianten: Sie können je nach Geschmack auch eine andere tiefgefrorene Obstsorte als Sorbet zubereiten. Statt Himbeergeist können Sie dann Portwein, Orangen-, Mandel-, Erdbeer- oder Aprikosenlikör verwenden. Für dieses Dessert brauchen Sie nicht nur auf Tiefkühlprodukte zurückzugreifen, sondern können je nach Geschmack selber Früchte einfrieren.

Ein schnelles Menü für 6

Mit italienischem Akzent

Bei diesem Menü kommen Fertigprodukte aus dem Vorrat zum Einsatz. Und so gehen Sie am besten vor:

• Die Zutaten für den Vorspeisenteller können Sie beim Italiener oder im Feinkostgeschäft fix und fertig kaufen.
• Bereiten Sie zuerst die Lasagne vor.
• Während sie im Backofen gart, können Sie in Ruhe den Tisch decken.
• Die Vorspeisenteller hübsch anrichten.
• Das Obst auf einer Platte dekorativ arrangieren und Obstteller und -messer bereitstellen.

Gemischter Vorspeisenteller ✓

im Bild links

Zutaten für 6 Personen:
6 Salatblätter, zum Beispiel Lollo rosso, Frisée- oder Kopfsalat
6 Basilikumblättchen · 1 Kästchen Kresse · 12 gefüllte Weinblätter · 18 Kirschtomaten · Salz
weißer Pfeffer, frisch gemahlen
80 g Mozzarella · 6 eingelegte Artischockenherzen · 18 eingelegte kleine Zwiebeln
18 eingelegte Champignons
80 g milder Schafkäse · 80 g eingelegte schwarze Oliven
18 Stückchen eingelegte Paprikaschoten · 18 eingelegte Auberginenscheiben

Den Salat, die Basilikumblättchen und die Kresse waschen und abtropfen lassen.
• Jeweils 2 Weinblätter auf sechs große Teller legen. • Die Kirschtomaten waschen, halbieren und in kleinen Häufchen auf den Tellern anrichten. Mit etwas Salz und Pfeffer würzen. • Den Mozzarella abtropfen lassen, in feine Streifen schneiden und die Tomaten damit garnieren. • Je 1 Artischockenherz, 3 Zwiebeln und 3 Champignons auf den Tellern anordnen. • Den Schafkäse klein würfeln und zusammen mit den Oliven auf den Tellern verteilen. • Je 3 Paprikastücke und Auberginenscheiben in die Zwischenräume geben. Mit den Salatblättern, dem Basilikum und der Kresse garnieren.

Gelingt leicht · Blitzrezept

Pro Portion etwa:
460 kJ/110 kcal
Zubereitungszeit: 15 Minuten

Lasagne mit Hackfleisch und Tomaten

im Bild Mitte

Zutaten für 6 Personen:
2 Eßl. Olivenöl · 1 kg Hackfleisch · 500 g geschälte Tomaten aus der Dose · 200 g Zwiebeln · 3 Knoblauchzehen
1 Eßl. Butter · 1 kg tiefgefrorene Champignons · 70 g Mehl
1/4 l kräftige Fleischbrühe
400 g Sahne · 2 Eßl. mittelscharfer Senf · 3 Eßl. Tomatenketchup · Salz · weißer Pfeffer, frisch gemahlen · 2 Eßl. Zitronensaft · 3 Eßl. Worcestersauce · 3 Päckchen tiefgefrorene Petersilie · 350 g Lasagneblätter (ohne Vorkochen)
100 g Emmentaler, frisch gerieben

Gut vorzubereiten

Pro Portion etwa:
4500 kJ/1100 kcal
Zubereitungszeit: 1 Stunde

Das Öl in einem Topf erhitzen und das Hackfleisch darin bei mittlerer Hitze anbraten. Die Tomaten hinzufügen und alles bei schwacher Hitze köcheln lassen. • Zwischendurch die Zwiebeln und die Knoblauchzehen schälen. Die Zwiebeln in Ringe schneiden. Die Butter in einem sehr großen Topf schmelzen und die Zwiebeln darin glasig dünsten. Die Knoblauchzehen durch die Presse dazudrücken. Die Champignons untermischen und alles zugedeckt bei schwacher Hitze 5–7 Minuten dünsten. • Inzwischen das Mehl mit etwas Wasser anrühren. • Die Brühe und die Sahne zu den Champignons geben und einmal aufkochen. Das Mehl unterrühren und noch einmal aufkochen. • Den Backofen auf 150–170° (Gas: Stufe 2) vorheizen. • Das Fleisch mit dem Senf und dem Ketchup verrühren. Mit Salz und Pfeffer würzen. • Die Champignonsauce mit Salz, Pfeffer, dem Zitronensaft und der Worcestersauce würzen. Die Petersilie untermischen. • So viel Sauce in eine große Auflaufform gießen, daß der Boden gerade bedeckt ist. • Die Lasagneblätter darauf legen. Dann schichtweise die Hackfleischsauce, die Lasagneblätter und die Champignonsauce einfüllen, bis alles eingeschichtet ist. Mit der Champignonsauce abschließen. Mit dem Käse bestreuen und im Backofen (unten) in 35–40 Minuten backen.

Meine Tips: Wenn Sie Ihren Gästen zusätzlich noch einen Salat servieren möchten, können Sie den Tomatensalat von Seite 67 zubereiten.
Diese Lasagne können Sie bereits einige Stunden vor dem Backen zubereiten. Der Vorteil ist, daß in der Zeit die Lasagneplatten sehr gut durchweichen können und die Zutaten sich besonders gut vermischen. Die Garzeit verkürzt sich dann um 5–10 Minuten.

Variante: Statt der tiefgefrorenen Champignons können Sie auch frische nehmen. Dann benötigen Sie etwa 1,2 kg Champignons oder Egerlinge, die gewaschen und wie die tiefgefrorenen zubereitet werden.

Erfrischende Obstplatte ✓

im Bild rechts

Zutaten für 6 Personen:
3 reife Nektarinen · 3 kleine, reife Birnen · 12 Zwetschgen oder Pflaumen · 3 reife, frische Feigen · 3 Rispen rote Johannisbeeren · 100 g Brombeeren
300 g kernlose Trauben

Gelingt leicht · Blitzrezept

Pro Portion etwa:
620 kJ/150 kcal
Zubereitungszeit: 5 Minuten

Das Obst gründlich waschen und gut abtropfen lassen. • Die Nektarinen, die Birnen und die Zwetschgen mit einem sauberen Geschirrtuch abreiben, so daß die Früchte einen schönen Glanz bekommen. • Die Früchte in einem Obstkorb, auf einer großer Platte oder einer hübschen Etagere dekorativ anordnen.

Mein Tip: Je nach Belieben und Größe der Obstplatte können Sie diese noch mit einigen kleinen Zweigen vom Brombeerstrauch, mit Weinblättern, mit Blüten oder mit Getreideähren schmücken.

Variante: Verwenden Sie nur Obstsorten, die der Jahreszeit entsprechen. Mischen Sie dann 6–7 verschiedene Sorten. Rechnen Sie pro Person 200–250 g Obst.

Raffinierte Desserts, die leicht gelingen

Zum Finale etwas Fruchtiges, Sahniges, Cremiges, Zartes oder lieber etwas Eisiges – wer kann da schon widerstehen? Quark, Joghurt, Sahne, frische oder tiefgefrorene Früchte und die verschiedensten Eissorten spielen in diesem Kapitel die Hauptrolle. Alles ist schnell gerührt, exotisch kombiniert und appetitlich garniert. Verwöhnen Sie sich und Ihre Gäste mit der Honigmelonenkaltschale mit Sekt von Seite 109, mit Joghurt mit Grütze (Rezept Seite 105) oder mit dem hier abgebildeten Kiwi-Bananen-Salat (Rezept Seite 107). Wer etwas mehr Zeit investieren kann, sollte unbedingt das Gratin mit gemischten Beeren (Rezept Seite 102) probieren. Der Versuch lohnt sich! Sie werden begeistert sein, und Ihre Gäste kommen bestimmt wieder.

Klassische Mousse oder raffiniert garniertes Vanilleeis

Fruchtig mit Erdbeeren und cremig mit Moccaschokolade

Helle Schokoladenmousse auf Erdbeeren

im Bild links

Zutaten für 4 Personen:
1 Paket tiefgefrorene weiße Mousse au chocolat (etwa 300 g) · 500 g Erdbeeren
250 g Crème fraîche
1 Päckchen Vanillinzucker
Saft von 1/2 Zitrone · Puderzucker zum Bestäuben · Minze- oder Zitronenmelisseblättchen zum Garnieren

Blitzrezept • Gelingt leicht

Pro Portion etwa:
1500 kJ/360 kcal
Zubereitungszeit: 20 Minuten

Die Mousse nach den Angaben auf der Packung auftauen lassen. • Die Erdbeeren waschen, abtropfen lassen und putzen. Etwa 300 g Erdbeeren in etwa 1/2 cm breite Scheiben schneiden. Die restlichen Erdbeeren mit der Crème fraîche, dem Vanillinzucker und dem Zitronensaft pürieren • Die Erdbeercreme auf vier Teller verteilen. Die Erdbeerscheiben dachziegelartig als Rosette darauf anrichten, dabei in der Mitte für zwei Nocken etwas Platz lassen. • Mit zwei in heißes Wasser getauchten Eßlöffeln Nocken aus der Mousse stechen und in der Mitte der Erdbeerrosette anrichten. • Die Erdbeeren dünn mit Puderzucker bestäuben. Minze- oder Zitronenmelisseblättchen waschen, trockentupfen, die Erdbeeren damit garnieren.

Meine Tips: Sie können die Erdbeercreme auch noch mit etwas Mandel- oder Orangenlikör verfeinern. Statt der tiefgefrorenen Mousse können Sie aus 1 Päckchen Mousse-Pulver und 1/4 l Milch nach Anweisung auf der Packung eine weiße Mousse herstellen. Diese muß dann in etwa 1 Stunde im Kühlschrank fest werden.

Eis mit Moccasahne

im Bild rechts

Zutaten für 6 Personen:
200 g Mocca-Sahne-Schokolade (ersatzweise Kaffeecreme-Schokolade)
2 Eßl. Instant-Kaffeepulver
8 Eßl. kochendes Wasser
200 g Sahne · 6 Kugeln Vanilleeis · 6 Kugeln Schokoladeneis

Blitzrezept • Gelingt leicht

Pro Portion etwa:
1300 kJ/310 kcal
Zubereitungszeit: 15 Minuten

Die Schokolade in eine mikrowellengeeignete Schüssel bröckeln und bei Mikrowellenleistung 360 Watt in 3–4 Minuten schmelzen. Dabei einmal umrühren. Oder in einer kleinen Schüssel im heißen Wasserbad unter häufigem Umrühren schmelzen lassen. • Das Kaffeepulver in dem kochenden Wasser auflösen und mit der geschmolzenen Schokolade verrühren. Diese Creme in ein eiskaltes Wasserbad ins Spülbecken stellen, dabei einige Male umrühren. • Inzwischen die Sahne steif schlagen. Das Vanille- und das Schokoladeneis in Kugeln in Dessertschalen oder auf Tellern anrichten. • Die abgekühlte Schokolade vorsichtig unter die Sahne mischen. Die Creme zum Eis geben.

Mein Tip: Zum Garnieren können Sie Minze- oder Efeublätter waschen, trockentupfen und auf den Tellerrand legen. Diesen mit etwas Kakao oder Puderzucker bestäuben. Die Blätter abnehmen und den Vorgang auf allen Tellern wiederholen (Tip Seite 9). Je nach Jahreszeit können Sie auch mit einer Erdbeere, Johannisbeerrispe oder Orangenscheibe garnieren.

Erdbeeren und Himbeeren – die beliebten Früchtchen

Beide Desserts mit einem Schuß Hochprozentigem

Erdbeeren mit Amarettocreme ✓

im Bild links

Zutaten für 6 Personen:
750 g Erdbeeren · 2 Päckchen Vanillinzucker · 200 g Marzipanrohmasse · 100 ml Amaretto (Mandellikör)
500 g Mascarpone
2 Eßl. gehackte Pistazienkerne

Anspruchsvoll · Blitzrezept

Pro Portion etwa:
1700 kJ/400 kcal
Zubereitungszeit: 20 Minuten

Die Erdbeeren waschen, putzen, abtropfen lassen, je nach Größe halbieren oder vierteln und mit dem Vanillinzucker mischen. • Die Marzipanrohmasse mit dem Pürierstab pürieren und nach und nach den Amaretto und die Mascarpone hinzufügen. Alle Zutaten cremig verschlagen. • Die Erdbeeren abwechselnd mit der Creme in eine Glasschüssel schichten. Die oberste Schicht sollte aus Erdbeeren bestehen. Die Zwischenräume mit den Pistazien bestreuen.

Variante: Noch etwas einfacher beziehungsweise schneller geht es, wenn Sie die Erdbeeren wie beschrieben vorbereiten, zuckern und auf Tellern anrichten und eine Amaretto-Marzipan-Sauce getrennt dazu reichen. Für die Sauce 400 g Marzipanrohmasse mit 150 ml Amaretto und 4–8 Eßlöffeln Sahne mit dem Pürierstab cremig aufschlagen.

Himbeereis auf Himbeersauce ✓

im Bild rechts

Zutaten für 6 Personen:
600 g tiefgefrorene Himbeeren
100 g Zucker · 250 g Crème fraîche · 1 Eßl. Himbeergeist oder Zitronensaft · flüssiger Süßstoff oder Zucker nach Geschmack
12 Kugeln Himbeereis · Minzeblättchen zum Verzieren

Gelingt leicht • Blitzrezept

Pro Portion etwa:
1100 kJ/260 kcal
Zubereitungszeit: 15 Minuten

Die Himbeeren in ein mikrowellengeeignetes Gefäß geben und bei Mikrowellenleistung 180 Watt in 3–5 Minuten antauen, dabei zweimal umrühren. Oder bei Zimmertemperatur etwa 15 Minuten antauen lassen. • 100 ml Wasser mit dem Zucker unter Rühren in einem Topf aufkochen, bis sich der Zucker gelöst hat, dann über die Himbeeren gießen und mit dem Pürierstab pürieren. Das Püree durch ein Sieb streichen und kalt stellen. • Vor dem Servieren die Crème fraîche mit dem Himbeergeist oder dem Zitronensaft glattrühren und mit Süßstoff oder Zucker abschmecken. • Das Himbeerpüree als Spiegel auf sechs Teller gießen. In eine Ecke eines Gefrierbeutels ein ganz kleines Loch schneiden oder die angerührte Crème fraîche mit einer Einwegspritze aufziehen (zweiter Vorschlag ist einfacher). • Die Crème fraîche spiralförmig (Tip Seite 9) auf das Himbeerpüree spritzen. Mit der stumpfen Seite eines Holzspießes von innen nach außen Striche ziehen. Die Himbeereiskugeln auf dem Muster anrichten. Die Minzeblättchen waschen, trockentupfen und das Dessert damit garniert servieren.

Fruchtiges oder schokoladiges Dessert

Brombeeren und Schokolade geben hier den Ton an

Brombeer-Joghurteis mit Joghurt und Brombeeren ✓

im Bild links

Zutaten für 6 Personen:
300 g frische oder tiefgefrorene Brombeeren · 500 g Joghurt (3,5% Fett) · Saft von ½ Zitrone · Zucker oder flüssiger Süßstoff · 225 g Brombeergelee · 1 Eßl. Cognac oder Apfelsaft · 12 Kugeln Brombeer-Joghurteis

Blitzrezept • Gelingt leicht

Pro Portion etwa:
780 kJ/190 kcal
Zubereitungszeit: 15 Minuten

Die frischen Brombeeren verlesen, tiefgefrorene bei Zimmertemperatur oder in der Mikrowelle bei 90–180 Watt in 5–7 Minuten auftauen lassen. • Den Joghurt mit dem Zitronensaft und Zucker oder Süßstoff verrühren. • Das Brombeergelee mit dem Pürierstab verschlagen. Den Cognac nach und nach hinzufügen. • Auf sechs große Teller einen Joghurtspiegel gießen. In eine Ecke eines Gefrierbeutels ein sehr kleines Loch schneiden. Das Gelee in den Gefrierbeutel geben oder mit einer Plastik-Einwegspritze aufziehen und spiralförmig auf den Joghurt spritzen. Mit der stumpfen Seite eines Holzspießes von innen nach außen Striche ziehen, so daß ein hübsches Muster entsteht. Die Brombeeren und die Eiskugeln auf dem Muster anrichten.

Variante: Dieses Brombeerdessert können Sie auch mit 300 g Himbeeren, Himbeergelee und Himbeereis zubereiten.
Auf Seite 9 finden Sie Anregungen für das Spritzen von Mustern.

Schokoladeneis auf Orangen-Zabaione ✓

im Bild rechts

Zutaten für 6 Personen:
1 große unbehandelte Orange
4 Eßl. Puderzucker · 4 Eigelb
6 Eßl. Orangenlikör oder frisch gepreßter Orangensaft
12 Kugeln Schokoladeneis
6 Hohlhippen oder Eiswaffeln

Blitzrezept • Gelingt leicht

Pro Portion etwa:
770 kJ/180 kcal
Zubereitungszeit: 20 Minuten

Die Orange heiß abwaschen, trockenreiben und sehr feine Streifen von der Schale abschälen. Diese zum Dekorieren beiseite stellen. Den Saft auspressen und 6 Eßlöffel davon abnehmen, den Rest trinken. Für das Wasserbad in einem flachen Topf Wasser bis kurz vor den Siedepunkt erhitzen. • Den Puderzucker in eine hohe Schüssel sieben. Die Eigelbe dazugeben und im Wasserbad mit dem Handrührgerät schaumig schlagen. Den Orangenlikör oder den -saft unter ständigem Weiterrühren unter die Eigelbmasse schlagen. Das Wasserbad darf während des Rührens keinesfalls zum Kochen kommen. • Die Orangen-Zabaione so lange schlagen, bis eine dickschaumige Masse entstanden ist. Die Schüssel mit der Zabaione aus dem Wasserbad nehmen und weiterschlagen, bis sie etwas abgekühlt ist. • Die Zabaione auf sechs Teller verteilen. Das Schokoladeneis portionsweise darauf anrichten und mit der Orangenschale und den Hohlhippen oder den Eiswaffeln garnieren.

Erdbeervariationen

Sieht sehr attraktiv aus

Zutaten für 6 Personen:
750 g Erdbeeren · 50 g weiße Kuvertüre · 50 g halbbittere Kuvertüre (das sind 2 Stück von einem 150-g-Block)
250 g Mascarpone · 250 g Marzipanrohmasse · 6 große Eiskugeln Creme Erdbeer · 2 Eßl. gehackte Pistazienkerne
6–12 Minzeblättchen

Gelingt leicht

Pro Portion etwa:
1800 kJ/430 kcal
Zubereitungszeit: 45 Minuten

Die Erdbeeren waschen. 24 Erdbeeren mit Stiel trockentupfen. • Die weiße und die halbbittere Kuvertüre getrennt im warmen Wasserbad nach Angaben auf der Packung oder jeweils 2–3 Minuten bei Mikrowellenleistung 360 Watt schmelzen. 12 Erdbeeren zur Hälfte in die helle Kuvertüre, die anderen 12 Beeren in die dunkle tauchen. Die Erdbeeren mit dem Stiel nach unten zum Trocknen auf einen Teller legen und die Kuvertüre fest werden lassen. Zwei Drittel der restlichen Erdbeeren, die Mascarpone und die Marzipanrohmasse pürieren und bis zum Anrichten kalt stellen. Vor dem Servieren die übrigen Erdbeeren mit einem sehr scharfen Messer der Länge nach in dünne Scheiben schneiden und diese auf sechs großen Tellern fächerförmig anordnen. Auf den Tellern je 2 Erdbeeren mit heller und dunkler Kuvertüre anrichten. Die Erdbeercreme und die Eiskugeln ebenfalls daraufgeben. Das Dessert mit den Pistazien und den Minzeblättchen garniert servieren.

Meine Tips: Wer auf Nummer sicher gehen möchte, kann die Erdbeeren bereits am Vortag in Kuvertüre tauchen. Die Erdbeercreme können Sie auch vorbereiten und im Kühlschrank 1 Tag aufbewahren. Noch schneller geht's, wenn Sie auf die Kuvertüre verzichten und die gewaschenen Erdbeeren nur mit Stiel anrichten.

Pfirsichkreation

Mit Pfirsicheis und einer Creme wunderbar veredelt

Zutaten für 6 Personen:
1 Päckchen Pfirsichmousse zum Anrühren · 1/4 l Milch
300 g frische oder tiefgefrorene Himbeeren · 1 1/2 Eßl. Puderzucker · 2 Eßl. Zitronensaft
150 g Crème fraîche · 3 reife Pfirsiche · 6 Kugeln Pfirsicheis

Gelingt leicht

Pro Portion etwa:
940 kJ/220 kcal
Zubereitungszeit: 1 Stunde

Die Pfirsichmousse mit der Milch nach Angaben auf der Packung zubereiten und etwa 40 Minuten kalt stellen. • Die frischen Himbeeren verlesen, die gefrorenen bei Zimmertemperatur auftauen lassen oder im Mikrowellengerät bei Mikrowellenleistung 90–180 Watt in 6–7 Minuten auftauen. • Einige Himbeeren zum Garnieren beiseite stellen. Die restlichen Himbeeren pürieren, durch ein Sieb streichen und mit 1 Eßlöffel Puderzucker und 1 Eßlöffel Zitronensaft verrühren. • Die Crème fraîche mit dem restlichen Puderzucker und dem übrigen Zitronensaft verrühren. • Die Pfirsiche mehrmals mit einer Gabel einstechen, kurz in kochend heißes Wasser tauchen und die Haut abziehen. Die Pfirsiche halbieren, von den Steinen befreien und in Spalten schneiden. • Das Dessert auf sechs großen Tellern anrichten. Dafür an einer Seite der Teller einen kleinen Spiegel aus dem Himbeermark gießen. Die Crème fraîche mit einem Spritzbeutel in kleinen und größeren Tupfen darauf spritzen. Mit der stumpfen Seite eines Holzspießes durch die Tupfen ziehen, so daß kleine Herzchen entstehen (Tip Seite 9). • Mit 2 Eßlöffeln Nocken von der Creme abstechen und mit den Pfirsichspalten auf den Tellern anrichten. Die Pfirsicheiskugeln und die restlichen Himbeeren auf den Tellern verteilen.

Erfrischende Eisdesserts mit Früchten

Kombinieren Sie Ihr Lieblingseis mit Ihren Lieblingsfrüchten

Kirschteller

im Bild links

Zutaten für 6 Personen:
Zitronenmelisseblättchen zum Garnieren · 500 g Kirschen (einige davon sollten zum Dekorieren mit Stiel sein und, wenn möglich, auch zwei zusammenhängende Früchte)
250 g Mascarpone · 3 Eßl. Kirschlikör (ersatzweise Kirschwasser oder -saft) · Saft von 1 Zitrone · 2 Prisen Zimtpulver
1 Päckchen Vanillinzucker
3 Eßl. Zucker · 6 große Kugeln Kirscheis

Gelingt leicht · Blitzrezept

Pro Portion etwa:
720 kJ/170 kcal
Zubereitungszeit: 25 Minuten

Die Zitronenmelisseblättchen waschen und abtropfen lassen. Die Kirschen waschen, davon die Hälfte besonders schöne Früchte mit Stielen aussuchen und beiseite stellen. • Die restlichen Kirschen entsteinen und in Stücke schneiden. Die Mascarpone, den Kirschlikör, 2 Eßlöffel Zitronensaft, den Zimt und den Vanillinzucker verschlagen und die Kirschstückchen unterheben. • Die Kirschcreme auf sechs große Teller geben. Den Zucker auf einen Teller geben. Die Kirschen mit den Stielen erst in den restlichen Zitronensaft tauchen, dann in den Zucker. Auf der Kirschcreme die gezuckerten Kirschen und das Eis anrichten. Mit Zitronenmelisseblättchen garnieren.

Varianten: Statt der Zitronenmelisse können Sie auch Minzeblättchen oder gehackte Pistazienkerne verwenden. Statt mit Mascarpone können Sie die Kirschstückchen auch vorsichtig mit 200 g steif geschlagener Sahne mischen.

Pistazieneis mit Früchten

im Bild rechts

Zutaten für 6 Personen:
je 150 g grüne und blaue Weintrauben · 3 Kiwis · 1 Sternfrucht (Karambole) · Puderzucker zum Bestäuben
gehackte Pistazienkerne zum Bestreuen · 12 Kugeln Pistazieneis

Gelingt leicht • Blitzrezept

Pro Portion etwa:
320 kJ/76 kcal
Zubereitungszeit: 20 Minuten

Die Trauben waschen, abtropfen lassen, halbieren und eventuell die Kerne entfernen. • Die Kiwis schälen und in dünne Scheiben schneiden. • Die Sternfrucht waschen, trockentupfen und in dünne Scheiben schneiden. • Sechs große Teller mit dem Puderzucker bestäuben und mit etwas gehackten Pistazien bestreuen • Die Kiwi- und Sternfruchtscheiben sowie die Trauben auf den Tellern anrichten und jeweils 2 Kugeln Pistazieneis dazwischensetzen.

Meine Tips: Wenn Sie kernlose Trauben bekommen können, so nehmen Sie diese, dann sparen Sie sich das Entkernen. Die kernlosen Trauben sind allerdings je nach Jahreszeit etwas teurer. Anstelle der Karambole können Sie pro Portion auch 3 Birnenspalten nehmen.
Zu den Früchten schmeckt auch noch eine Joghurtsauce. Dafür 150 g Joghurt (3,5% Fett) mit 2 Eßlöffeln Zitronensaft verrühren und mit Zucker oder Birnendicksaft nach Belieben süßen.

Beerengratin

Einmal mit und einmal ohne Alkohol

Himbeer-Gratin mit Geist ✓

im Bild links

Zutaten für 6 Personen:
600 g frische oder tiefgefrorene Himbeeren · 3 Eßl. Himbeergeist · flüssiger Süßstoff oder Puderzucker · 4 Eiweiß
60 g Zucker · 2 Eigelb
3 Eßl. Orangenlikör

Anspruchsvoll · Blitzrezept

Pro Portion etwa:
470 kJ/110 kcal
Zubereitungszeit: 25 Minuten

Den Grill des Backofens vorheizen. • Die Himbeeren verlesen oder auftauen lassen. Etwa 100 g Himbeeren pürieren und durch ein Sieb passieren. Das Püree mit dem Himbeergeist und Süßstoff oder Puderzucker verrühren. • Die restlichen Himbeeren in eine Gratinform geben und das Himbeermark darauf verteilen. • Die Eiweiße mit dem Zucker steif schlagen. Die Eigelbe mit dem Orangenlikör unterheben und die Creme über die Himbeeren gießen. Im Backofengrill (Mitte) 2–3 Minuten goldgelb gratinieren und sofort servieren.

Meine Tips: Bis auf die Creme können Sie das Gratin vorbereiten. Die Creme erst kurz vor dem Überbacken zubereiten. Sie können das Gratin auch ohne Alkohol zubereiten. Statt des Himbeergeistes geben Sie dann 1 Eßlöffel Zitronensaft dazu und 1–2 Eßlöffel Ahornsirup anstelle von Orangenlikör. Dann sollten Sie aber die Zuckermenge auf 40 g reduzieren. Sehr hübsch angerichtet sieht das Gratin auch in hitzebeständigen Suppentellern aus. Dann können Sie die Himbeeren nur in Etappen überbacken.

Gratin mit gemischten Beeren

im Bild rechts

Zutaten für 6 Personen:
300 g tiefgefrorener Beerencocktail · 3 vollreife Birnen
Saft von 1/2 Zitrone · 2 Eier
1 Eßl. Zucker · 250 g Sahnequark · 3 Eßl. Birnendicksaft
Zimtpulver · 2 Eßl. gehackte Pistazienkerne

Gelingt leicht

Pro Portion etwa:
750 kJ/180 kcal
Zubereitungszeit: 40 Minuten

Die Beeren in einer mikrowellengeeigneten Schüssel bei Mikrowellenleistung 90–180 Watt in 6–7 Minuten auftauen. Den Backofen auf 180–200° (Gas: Stufe 2 1/2) vorheizen. • Die Birnen schälen, vierteln, dabei vom Kerngehäuse befreien, in Spalten schneiden und mit dem Zitronensaft beträufeln. • Die Birnenspalten schuppenförmig auf dem Boden einer Gratinform anordnen. • Die Eier trennen. Die Eiweiße mit dem Zucker steif schlagen. • Den Quark mit den Eigelben und dem Birnendicksaft glattrühren. Den Eischnee unter den Quark ziehen und mit Zimtpulver abschmecken. Die Quarkcreme auf den Früchten verteilen. • Das Gratin im Backofen (unten) in 15–20 Minuten überbacken. Das Gratin mit den Pistazienkernen bestreut servieren.

Meine Tips: Wenn Sie die Beerenfrüchte nicht in der Mikrowelle auftauen, sollten Sie diese etwa 2 Stunden vor der Zubereitung aus dem Tiefkühlfach nehmen und bei Zimmertemperatur auftauen lassen. Statt mit Birnendicksaft können Sie auch mit 2 Eßlöffeln Honig oder Ahornsirup süßen. Dann die Quarkcreme noch mit dem Saft von 1/2 Zitrone verrühren.

Süße Köstlichkeiten aus dem Backofen

Zimtstreusel oder Quark bestimmen den Geschmack

Zwetschgen-Crumble

im Bild links

Zutaten für 4 Personen:

500 g Zwetschgen aus dem Glas · 100 g gemahlene Haselnüsse · 125 g Mehl
100 g Zucker · 1 Teel. Zimtpulver · 100 g Butter

Preiswert

Pro Portion etwa:
2300 kJ/550 kcal
Zubereitungszeit:
30–35 Minuten

Den Backofen auf 190–210° (Gas: Stufe 2 1/2–3) vorheizen. Die Zwetschgen auf einem Sieb abtropfen lassen. • Die Haselnüsse mit dem Mehl, dem Zucker und dem Zimtpulver mischen. Die Butter in Flöckchen dazugeben und mit den Knethaken des Handrührgerätes zu einem krümeligen Teig verarbeiten. • Die Zwetschgen auf dem Boden einer Gratinform verteilen und mit den Streuseln bestreuen. Im Backofen (unten) 20–25 Minuten goldgelb backen.

Mein Tip: Dies ist ein sättigendes Dessert, das Sie mit einer kräftigen Suppe vorweg als Hauptgericht reichen können.

Varianten: Statt der Zwetschgen können Sie auch 500 g Kirschen aus dem Glas oder 600 g tiefgefrorenen Beerencocktail verwenden, den Sie unaufgetaut in die Form geben und wie oben beschrieben zubereiten. Zu dieser Süßspeise paßt sehr gut steif geschlagene Sahne. Lauwarm verzehrt paßt auch Vanille- oder Walnußeis dazu.

Gratinierte Pfirsiche

im Bild rechts

Zutaten für 4 Personen:

4 große vollreife Pfirsiche
4 Eier · 250 g Mascarpone
1 Eßl. Mandel- oder Nußmus (ersatzweise 2 Eßl. gemahlene Mandeln oder Haselnüsse)
2 Eßl. Honig · Schale und Saft von 1/2 unbehandelten Zitrone
Zimtpulver
Für die Form: Butter
Zum Bestäuben: Puderzucker

Gelingt leicht

Pro Portion etwa:
1300 kJ/310 kcal
Zubereitungszeit:
30–35 Minuten

Die Pfirsiche mit kochendem Wasser überbrühen, häuten, halbieren und vom Stein befreien. • Den Backofen auf 180–200° (Gas: Stufe 2–2 1/2) vorheizen. • Die Eier trennen. Die Eiweiße steif schlagen und kühl stellen. • Die Eigelbe mit der Mascarpone, dem Mandel- oder Nußmus, dem Honig, der Zitronenschale und dem Zitronensaft zu einer cremigen Masse verschlagen. Zimtpulver unterrühren. Eine Gratinform einfetten. Den Boden der Form mit den Pfirsichhälften belegen. • Den Eischnee vorsichtig unter die Eigelb-Mascarpone-Creme heben und über die Pfirsichhälften geben. Im Backhofen (unten) in 15–20 Minuten überbacken. Das Gratin leicht mit Puderzucker bestäuben und sofort noch warm servieren.

Variante: Sie können auch 500 g Pfirsiche aus der Dose nehmen. Diese erst abtropfen lassen, dann in Würfel schneiden und vorsichtig unter die Creme heben. In die Form geben und wie oben im Rezept angegeben überbacken.

Fruchtige Quarkspeisen

Besonders locker durch Sahne oder Vanillepudding

Aprikosenquark ✓

im Bild links

Zutaten für 4 Personen:
500 g Aprikosen aus der Dose
200 g Sahne · 500 Speisequark (20% Fett) · Schale und Saft von 1/2 unbehandelten Zitrone
Zucker nach Belieben
2 Eßl. Mandelblättchen zum Garnieren

Gelingt leicht · Blitzrezept

Pro Portion etwa:
1800 kJ/430 kcal
Zubereitungszeit: 10 Minuten

Die Aprikosen auf einem Sieb abtropfen lassen, dabei etwa 1/8 l Saft auffangen. • Die Sahne steif schlagen. Etwa zwei Drittel von den Aprikosen und den Aprikosensaft zum Quark geben und alles mit dem Pürierstab pürieren. Den Quark mit der Zitronenschale, dem Zitronensaft und Zucker verrühren. • Die restlichen Aprikosen fein würfeln und mit der Sahne unter den Quark ziehen. • Den Aprikosenquark in eine Servierschale geben. • Die Mandeln ohne Fett in einer Pfanne goldgelb bräunen und darüber streuen.

Mein Tip: Sie können diese Quarkspeise auch mit Pfirsichen oder Ananas aus der Dose oder mit frischen Aprikosen zubereiten. Frische, reife Aprikosen sollten Sie dann erst mit kochendem Wasser überbrühen, häuten, halbieren, von den Kernen befreien und zerkleinern. Garnieren können Sie statt mit Mandeln auch mit Borkenschokolade, Pistazienkernen oder Walnußhälften. Für ein ausgiebiges Frühstück läßt sich daraus mit Getreideflocken ein kerniges Müsli zubereiten.

Orangen-Quarkspeise

im Bild rechts

Zutaten für 4 Personen:
1 Päckchen Vanillepuddingpulver · 2 Eßl. Zucker
1/2 l Milch · 3 große unbehandelte Orangen · 250 g Magerquark · 1 Eßl. gehackte Pistazienkerne

Preiswert

Pro Portion etwa:
1100 kJ/260 kcal
Zubereitungszeit: 15 Minuten
Kühlzeit: 45 Minuten

Das Vanillepuddingpulver mit dem Zucker mischen und mit 3 Eßlöffeln Milch anrühren. • Die restliche Milch in einem Topf aufkochen, von der Kochstelle nehmen und das angerührte Puddingpulver einrühren. Den Pudding unter Rühren nochmals aufkochen und in eine Rührschüssel füllen. In ein kaltes Wasserbad stellen und unter gelegentlichem Umrühren abkühlen lassen. • Die Orangen heiß abwaschen, abtrocknen und von 1 Orange die Hälfte der Schale abreiben. • Mit einem Messer die Orangen schälen, dabei auch die weiße Haut entfernen. Das Fruchtfleisch in kleine Stücke schneiden, dabei den Saft auffangen. • Den Quark unter den lauwarmen Pudding rühren. Die Creme mit den Orangenstückchen und dem Saft mischen. • Die Quarkspeise in Schälchen füllen und etwa 45 Minuten oder bis zum Servieren kalt stellen. • Vor dem Servieren mit der abgeriebenen Schale und den Pistazien garnieren.

Variante: Wenn Sie den Orangenquark sofort servieren wollen, geben Sie statt des Vanillepuddings 200 g steif geschlagene Sahne dazu. Dann allerdings gleich servieren und nicht lange aufbewahren, da sie sonst zu flüssig wird.

Cremiges aus Joghurt, Sahne und Früchten

Erfrischend, immer beliebt und schnell gerührt

Heidelbeerjoghurt ✓

im Bild links

Zutaten für 4 Personen:
300 g tiefgefrorene Heidelbeeren · 500 g Joghurt (3,5% Fett) · 250 g Sahnequark
Saft von 1/2 unbehandelten Zitrone · 1 Päckchen Vanillinzucker · Zucker

Gelingt leicht · Blitzrezept

Pro Portion etwa:
1100 kJ/260 kcal
Zubereitungszeit: 25 Minuten

Die Heidelbeeren etwa 15 Minuten antauen lassen.
• Den Joghurt, den Quark, den Zitronensaft und zwei Drittel von den Heidelbeeren mit dem Pürierstab pürieren. Den Vanillinzucker und Zucker unterrühren. Den Joghurt in einer Schüssel mit den restlichen Heidelbeeren anrichten.

Erdbeerkaltschale ✓

im Bild vorne

Zutaten für 4 Personen:
750 g Erdbeeren · 100 g Zucker
1/2 l kalte Milch · 200 g Sahne

Blitzrezept

Pro Portion etwa:
1700 kJ/400 kcal
Zubereitungszeit: 10 Minuten

Die Erdbeeren waschen, putzen und abtropfen lassen.
• Die Hälfte der Früchte und den Zucker mit dem Pürierstab pürieren. Die Milch und die Sahne untermischen. Je nach Belieben kalt stellen. Die restlichen Früchte je nach Größe halbieren oder vierteln und die Kaltschale damit garnieren.

Honigjoghurt ✓

im Bild Mitte hinten

Zutaten für 4 Personen:
400 g Schafmilchjoghurt oder Sahnejoghurt · 250 g Speisequark (20% Fett) · 4 Eßl. Honig
2 Eßl. Kürbiskerne
8 Eßl. Vollkornhaferflocken

Gelingt leicht · Blitzrezept

Pro Portion etwa:
1000 kJ/240 kcal
Zubereitungszeit: 5 Minuten

Den Schafmilchjoghurt oder den Sahnejoghurt, den Quark und den Honig miteinander verschlagen. Die Speise in eine Schüssel gießen. Die Kürbiskerne mit den Haferflocken mischen und darüberstreuen oder getrennt zum Bestreuen dazu reichen.

Joghurt mit Grütze ✓

im Bild rechts

Zutaten für 4 Personen:
500 g Joghurt (3,5% Fett)
250 g rote Grütze aus dem Glas
1 Päckchen Vanillinzucker
2 Eßl. Zitronensaft
8–12 Eßl. Haferflocken oder Müslimischung

Preiswert · Blitzrezept

Pro Portion etwa:
950 kJ/230 kcal
Zubereitungszeit: 5 Minuten

Den Joghurt mit der Grütze, dem Vanillinzucker und dem Zitronensaft verrühren. Die Speise in eine Schüssel füllen und mit den Haferflocken oder dem Müsli bestreut oder getrennt servieren.

Obstdesserts mit Sahne

Läßt sich das ganze Jahr zubereiten

Calvados-Apfelspeise

im Bild links

Zutaten für 4 Personen:
700 g Apfelmus aus dem Glas
Zimtpulver · 300 g Sahne
1 Päckchen Vanillinzucker
3–4 Eßl. Calvados · 75 g hauchdünne Schokoladentäfelchen
gehackte Pistazienkerne zum Bestreuen

Preiswert • Blitzrezept

Pro Portion etwa:
1800 kJ/430 kcal
Zubereitungszeit: 10 Minuten

Das Apfelmus mit Zimtpulver abschmecken. Die Sahne steif schlagen, dann mit dem Vanillinzucker und dem Calvados vorsichtig mischen. • Das Apfelmus abwechselnd mit der Sahne in eine große Glasschale oder in vier Portionsschälchen einschichten, dabei in jede Sahneschicht einige Schokoladentäfelchen stecken. • Mit einer Sahneschicht abschließen, ebenfalls mit Schokoladentäfelchen garnieren. Je nach Geschmack noch mit etwas Zimtpulver bestreuen. Mit Pistazien bestreut servieren.

Varianten: Besonders fein wird diese Süßspeise, wenn Sie das Apfelmus aus 800 g Äpfeln selber zubereiten. Das Apfelmus muß dann allerdings vor dem Einschichten vollständig abgekühlt sein. Statt der Schokoladentäfelchen können Sie auch als unterste Schicht 12 Löffelbiskuits in die Kompottschale geben, diese mit 100 ml Apfelsaft und etwas Calvados beträufeln.

Preiselbeer-Birnen

im Bild rechts

Zutaten für 4 Personen:
4 mittelgroße vollreife Williams-Christbirnen mit Stengel
Saft von 1 Zitrone · 200 g Sahne
1 Päckchen Vanillinzucker
4 Eßl. Preiselbeerkompott
2 Eßl. gehackte Pistazienkerne

Preiswert • Blitzgericht

Pro Portion etwa:
1100 kJ/260 kcal
Zubereitungszeit: 15 Minuten

Die Birnen schälen, mit dem Stengel halbieren, vom Kerngehäuse befreien. Die Birnenhälften mit dem Zitronensaft beträufeln. • Die Sahne steif schlagen. • Den Vanillinzucker und das Preiselbeerkompott unter die steif geschlagene Sahne ziehen. • Die Birnenhälften auf einer Platte anrichten, mit der Preiselbeer-Sahne füllen und mit den Pistazien bestreut servieren.

Meine Tips: Wenn die Birnen nicht reif genug sind, können Sie diese konventionell oder mit dem Zitronensaft beträufeln und mit 4 Eßlöffeln Wasser in ein mikrowellengeeignetes Gefäß mit Deckel geben und zugedeckt bei Mikrowellenleistung 600 Watt 3–6 Minuten dünsten. Dann abkühlen lassen.
Das Kerngehäuse läßt sich sehr einfach auch mit einem Kugelausstecher herauslösen.

Variante: Statt Preiselbeerkompott können Sie auch 4 Eßlöffel fertig gekaufte rote Grütze, 5 Eßlöffel bittere Orangenmarmelade oder 1 Eßlöffel Orangenlikör unter die Sahne heben. Anstelle von Pistazien garnieren Sie die Birnenhälften mit Walnüssen.

Obstsalate, die wenig Arbeit machen

Beim Mischen und Kombinieren können Sie Ihrer Phantasie freien Lauf lassen

Kiwi-Bananen-Salat ✓

im Bild links

Zutaten für 4 Personen:
1 unbehandelte große Orange
250 g Sahnequark · 1 Päckchen Vanillinzucker · Zucker nach Belieben · 4 reife Kiwis
4 vollreife Bananen
2 Eßl. Zitronensaft

Preiswert • Blitzrezept

Pro Portion etwa:
1200 kJ/290 kcal
Zubereitungszeit: 15 Minuten

Die Orange heiß abwaschen und abtrocknen. Zum Garnieren hauchdünne Streifen Schale abschälen und beiseite stellen. • Die Orange auspressen. Den Sahnequark mit dem Orangensaft cremig schlagen. Den Vanillinzucker und Zucker unterrühren. • Die Kiwis schälen und in Scheiben schneiden. • Die Bananen schälen, in Scheiben schneiden und mit dem Zitronensaft beträufeln. • Die Früchte nach Belieben auf einer Tortenplatte oder auf vier großen Tellern schuppenförmig anrichten. • Das Obst mit etwas Quarkcreme beträufeln und den Rest getrennt dazu reichen. Mit der Orangenschale garnieren und servieren.

Varianten: Besonders fein schmeckt der Quark, wenn Sie ihn statt mit Zucker mit 2 Eßlöffeln Birnendicksaft abschmekken. Exotisch wird der Salat, wenn Sie statt Bananen 2 reife Mangos nehmen. Die Mangos schälen, den Kern entfernen und das Fruchtfleisch in Streifen schneiden.

Ananas-Himbeer-Salat ✓

im Bild rechts

Zutaten für 6 Personen:
1 große reife Ananas
400 g frische Himbeeren
200 g Sahne · 1 Päckchen Vanillinzucker · 6 Kugeln Zitronensorbet aus der Packung oder Zitroneneis
Zum Garnieren:
Zitronenmelisse- oder Pfefferminzblättchen oder gehackte Pistazienkerne

Anspruchsvoll • Blitzrezept

Pro Portion etwa:
950 kJ/230 kcal
Zubereitungszeit: 20 Minuten

Die Ananas der Länge nach halbieren. Das Fruchtfleisch mit einem kleinen scharfen Messer vorsichtig herauslösen. In kleine Stücke schneiden und dabei, wenn vorhanden, holzige Teile herausschneiden. • Die Himbeeren putzen und verlesen. • Die Sahne mit dem Vanillinzucker steif schlagen und in eine kleine Servierschüssel geben. • Die Ananasstücke vorsichtig mit den Himbeeren mischen und in die ausgehöhlten Ananashälften füllen. Jeweils 3 Kugeln Zitronensorbet zwischen das Obst setzen. • Den Obstsalat und die Sahne, die getrennt dazu serviert wird, mit Zitronenmelisse, Minze oder Pistazien garnieren.

Varianten: Sie können statt der Himbeeren auch 5 reife Kiwi schälen, in Scheiben schneiden und mit den Ananasstücken gemischt in die Ananashälften füllen. Dazu schmeckt dann eine Kokossahne. Dafür heben Sie unter die steif geschlagene Sahne 2 Eßlöffel Kokosraspel.
Statt des Zitronensorbets können Sie auch Ihr Lieblingseis aussuchen.

Fruchtiges für jeden Tag

Kombiniert mit Eis oder einer Fruchtsauce schmecken die Desserts besonders gut

Gefüllte Pfirsiche ✓

im Bild links

Zutaten für 4 Personen:
8 Pfirsichhälften aus der Dose
125 ml Himbeersauce (Fertigprodukt) · 4 Eßl. Crème double
8 Kugeln Pfirsich- oder Vanilleeis

Gelingt leicht • Blitzrezept

Pro Portion etwa:
740 kJ/180 kcal
Zubereitungszeit: 15 Minuten

Die Pfirsiche auf einem Sieb abtropfen lassen. • Mit der Himbeersauce auf vier Teller einen Spiegel gießen. • Die Crème double mit einem Löffel glattrühren. In einen Spritzbeutel oder eine Einwegspritze füllen und Crème-double-Tupfen in die Himbeersauce setzen. Die Tupfen mit der stumpfen Seite eines Holzspießes kreuz und quer zu einem hübschen Muster verzieren. • Jeweils 2 Pfirsichhälften in die Himbeersauce setzen und diese mit je 1 Kugel Pfirsich- oder Vanilleeis füllen.

Varianten: Sie können die Himbeersauce je nach Geschmack durch eine andere Fertigsauce ersetzen, zum Beispiel Kirsch- oder Schokoladensauce. Das Eis könnten Sie zusätzlich noch mit gehackten Pistazienkernen oder Schokoladenstreuseln bestreuen.

Mein Tip: Wenn Sie Pfirsiche übrig haben, können Sie die restlichen Pfirsichhälften noch in Spalten schneiden und das Dessert damit garnieren.

Frische Feigen auf Cassissauce

im Bild links

Zutaten für 4 Personen:
500 g schwarze Johannisbeeren
1/8 l Portwein · 120 g Zucker
1 Päckchen Vanillinzucker
1/2 Stück Zimtstange · 1 Stück unbehandelte Zitronenschale
4 cl Cassislikör · 8 frische, große Feigen · einige Minzeblättchen

Gelingt leicht

Pro Portion etwa:
1100 kJ/260 kcal
Zubereitungszeit: 35 Minuten

Die Johannisbeeren waschen, verlesen, von den Rispen zupfen und in einen Topf geben. Die Beeren mit dem Portwein, dem Zucker, dem Vanillinzucker, der halben Zimtstange, der Zitronenschale und dem Cassislikör mischen. • Die Johannisbeeren 5–10 Minuten bei schwacher Hitze köcheln lassen. • Inzwischen die Feigen schälen und halbieren oder vierteln. • Die Cassissauce mit dem Pürierstab pürieren, durch ein Sieb streichen und im kalten Wasserbad unter mehrfachem Rühren abkühlen lassen. • Die Minzeblättchen waschen und trockentupfen. • Die Cassissauce auf vier Teller oder Dessertschalen verteilen, die Feigen darauf anrichten und mit Minzeblättchen garniert servieren.

Meine Tips: Sehr gut paßt zu diesem Dessert noch 1 Kugel Vanilleeis oder 2 Nocken weiße Schokoladenmousse. Die Cassissauce können Sie sehr gut vorbereiten und im Kühlschrank sogar 1–2 Tage aufbewahren. So brauchen Sie vor dem Servieren die Zutaten nur noch hübsch anzurichten.

Süße Überraschungen aus Früchten

Jedes Dessert hat ein gewisses Etwas

Honigmelonenkaltschale mit Sekt ✓

im Bild links

Zutaten für 4 Personen:
2 eisgekühlte reife Honigmelonen · 4 Eßl. gut gekühlter trockener Sekt
1/2 Teel. Vanillinzucker
2 große reife Kiwis
1 große frische Feige
Zitronenmelisse- oder Minzeblättchen · 4 gekühlte Suppenteller

Gelingt leicht • Blitzrezept

Pro Portion etwa:
420 kJ/100 kcal
Zubereitungszeit: 10 Minuten

Die Honigmelonen halbieren und die Kerne herausschaben. Das Fruchtfleisch mit einem Eßlöffel herauslösen und mit dem Pürierstab pürieren. • Das Melonenpüree mit dem Sekt und dem Vanillinzucker vermischen und sofort kalt stellen. • Die Kiwis und die Feige schälen. Die Kiwis in Scheiben und die Feige je nach Geschmack in Viertel oder Achtel schneiden. • Die Zitronenmelisse- oder die Minzeblättchen waschen und trockentupfen. • Die Melonenkaltschale in die gekühlten Suppenteller verteilen und die Kiwischeiben sowie die Feigenstückchen mit den Kräuterblättchen vorsichtig anordnen, damit die Früchte nicht versinken.

Mein Tip: Dieses Dessert schmeckt besonders gut und erfrischend an heißen Sommertagen. Wichtig für den guten Geschmack ist, daß die Melonen und der Sekt sehr gut gekühlt verarbeitet werden. Deshalb auch gleich die Suppenteller in den Kühlschrank stellen.

Rhabarberkompott mit weißer Mousse

im Bild rechts

Zutaten für 6 Personen:
1 Päckchen tiefgefrorene weiße Mousse au chocolat (etwa 300 g) · 800 g junger Rhabarber · 100–125 g Zucker
Minzeblättchen zum Garnieren

Gelingt leicht

Pro Portion etwa:
450 kJ/110 kcal
Zubereitungszeit: 15 Minuten
Kühlzeit: 45 Minuten

Die weiße Schokoladenmousse bei Zimmertemperatur antauen lassen. • Inzwischen den Rhabarber waschen, in etwa 2 cm breite Stücke schneiden, dabei eventuell die Fäden abziehen. In heißem Wasser bei schwacher Hitze in 5–10 Minuten garen. • Den Rhabarber mit der Schaumkelle in eine Schüssel geben und im kalten Wasserbad in etwa 45 Minuten abkühlen lassen. Zwischendurch vorsichtig umrühren. Den Sud mit dem Zucker mischen, abkühlen lassen, dann über den Rhabarber gießen. • Die Minzeblättchen vorsichtig waschen und trockentupfen. • Das Kompott in sechs Suppenteller verteilen. Mit einem Eßlöffel Nocken aus der weißen Schokoladenmousse formen (zwischendurch den Löffel in heißes Wasser tauchen) und auf das Rhabarberkompott setzen. Mit den Minzeblättchen garniert servieren.

Mein Tip: Sie können das Rhabarberkompott auch noch lauwarm mit je 1–2 Kugeln Vanilleeis anrichten. Dann brauchen Sie das Kompott nur 10–15 Minuten abkühlen zu lassen.

Aromatische Desserts mit Alkohol

Lassen sich blitzschnell zubereiten

Cognaccreme ✓

im Bild links

Zutaten für 4 Personen:
5 Eigelb · 1 gehäufter Eßl. Puderzucker · 1 Päckchen Vanillinzucker · 4 cl Cognac
250 g Sahne

Zum Garnieren:
Mandelmakronen, kleine Gebäckröllchen oder Borkenschokolade

Gelingt leicht • Blitzrezept

Pro Portion etwa:
1400 kJ/330 kcal
Zubereitungszeit: 10 Minuten

Die Eigelbe, den Puderzucker, den Vanillinzucker und den Cognac in einer Rührschüssel mit dem Handrührgerät so lange schlagen, bis eine dickliche, weißschaumige Creme entsteht. Die Creme etwa 5 Minuten kalt stellen. • In der Zwischenzeit die Sahne steif schlagen. Die Sahne unter die Eigelb-Cognaccreme ziehen. Die Creme in Glasschälchen oder Gläser füllen. Mit Gebäck oder Borkenschokolade garniert servieren.

Varianten: Statt mit Cognac können Sie die Creme auch mit der gleichen Menge Amaretto (Mandellikör) zubereiten, dann passen die Mandelmakronen sehr gut dazu. Wer die Creme lieber ohne Alkohol mag, kann 1 Tasse Espresso zubereiten. Den Kaffee dann abkühlen lassen und 4 cl davon eisgekühlt mit den Eigelben und dem Puderzucker schaumig schlagen. Oder Sie schlagen die Eigelbe statt mit Cognac mit 2 Eßlöffeln Birnendicksaft, 1 Eßlöffel Zitronensaft und der abgeriebenen Schale von 1 unbehandelten Zitrone schaumig. Dazu passen als Garnierung Zitronenschale oder Birnenstückchen.

Eis mit Orangen-Zimt-Sahne ✓

im Bild rechts

Zutaten für 4 Personen:
150 g Sahne · 1 Teel. Zimtpulver · 3 Eßl. Orangenlikör oder Orangensaft · 125 ml Kirschsauce (Fertigprodukt)
4 Kugeln Haselnuß- oder Nußeis · 4 Kugeln Schokoladeneis

Gelingt leicht • Blitzrezept

Pro Portion etwa:
1000 kJ/240 kcal
Zubereitungszeit: 15 Minuten

Die Sahne cremig schlagen. Das Zimtpulver und den Orangenlikör oder den Orangensaft vorsichtig mit der Sahne mischen. • Mit der Kirschsauce auf vier Teller einen Spiegel gießen. Jeweils 1 Klecks Sahne in die Mitte der Kirschsauce geben. Mit der stumpfen Seite eines Holzspießes von der Sahne aus ein hübsches Muster in die Fruchtsauce ziehen. Je 1 Kugel Nußeis und Schokoladeneis auf den Tellern anrichten.

Mein Tip: Die Sahne sollte cremig sein, damit Sie sie durch die Fruchtsauce zu einem Muster ziehen können. Eventuell mit etwas flüssiger Sahne glattrühren.

Varianten: Sie können immer wieder andere Fruchtsaucen mit der Sahne anrichten. Je nach Geschmack lassen Sie dann das Zimtpulver und den Orangenlikör weg und schmecken die Sahne zum Beispiel mit Mandellikör, Nußmus oder Birnendicksaft ab. Zu den Fruchtsaucen paßt auch Fruchteis, zum Beispiel Himbeereis zur Himbeersauce und Kirscheis zur Kirschsauce. Schokoladensauce mit Vanilleeis kommt bei meinen Gästen auch gut an.

Fruchtdesserts für hohe Ansprüche

Edel mit Mango, spätsommerlich mit Trauben und Brombeeren oder winterlich mit Orangen

Mangos mit Sekt

im Bild links

Zutaten für 4 Personen:
2 mittelgroße reife Mangos
1 Teel. feiner Zucker
1 Eßl. Zitronensaft · 1 gut gekühlte Flasche trockener Sekt

Anspruchsvoll

Pro Portion etwa:
880 kJ/210 kcal
Zubereitungszeit: 5 Minuten
Kühlzeit: 30–40 Minuten

Die Mangos schälen und das Fruchtfleisch vom Stein schneiden. Mit dem Zucker und dem Zitronensaft pürieren und etwa 30 Minuten ins Gefrierfach geben. • Dann auf vier Gläser verteilen und mit dem gekühlten Sekt auffüllen.

Traubensalat mit Sekt-Zabaione ✓

im Bild Mitte

Zutaten für 4 Personen:
400 g kernlose grüne Trauben
400 g blaue Trauben
3 Eßl. Zucker · 2 Eigelb · 1 Ei
1/8 l trockener Sekt

Preiswert • Blitzrezept

Pro Portion etwa:
990 kJ/240 kcal
Zubereitungszeit: 20 Minuten

Die Trauben waschen, abtropfen lassen, abzupfen und halbieren. Die blauen Trauben entkernen und mit 1 Eßlöffel Zucker mischen. • Die Eigelbe, das Ei, den Sekt und den restlichen Zucker im warmen Wasserbad mit dem Handrührgerät in 6–8 Minuten cremig schlagen. Die Früchte in Schälchen füllen, die Creme darüber verteilen und sofort servieren.

Marinierte Orangen

im Bild rechts

Zutaten für 6 Personen:
3/8 l trockener Weißwein
150 g Zucker · 1 Zimtstange
5 Nelken · Mark von 1 Vanillestange · 6 unbehandelte Orangen · 5 Eßl. Orangenlikör
6 große Kugeln Walnußeis
40 g Walnußhälften

Gelingt leicht

Pro Portion etwa:
980 kJ/230 kcal
Zubereitungszeit: 20 Minuten
Marinierzeit: 40 Minuten

Den Wein mit dem Zucker, der Zimtstange, den Nelken und dem Vanillemark in einem Topf erhitzen. • Die Orangen heiß abwaschen, abtrocknen und etwas Schale in hauchdünne Streifen zum Garnieren abschälen. • Diese zugedeckt beiseite stellen. • Mit einem Messer die Schale von den Orangen abschneiden, dabei die weiße Haut ebenfalls entfernen. Die Orangen in Filets schneiden, mit dem Likör beträufeln und mit der heißen Marinade übergießen. Die Orangen mindestens 40 Minuten ziehen lassen. • Die Orangenfilets auf sechs großen Tellern schuppenförmig anrichten. Je 1 Kugel Eis dazugeben und mit der Orangenschale und den Walnüssen garnieren.

Meine Tips: Diese Nachspeise können Sie sehr gut mehrere Stunden beziehungsweise 1 Tag vor dem Servieren zubereiten. Die Früchte sind dann herrlich aromatisiert.
Schneller geht's mit Aprikosen aus der Dose. 500 g Aprikosen in Streifen schneiden, mit 5 Eßlöffeln Aprikosenbrandy beträufeln und wie die Orangen anrichten.

Früchte in Variationen

Schmecken am besten mit vollreifen Früchten

Beerentorte mit Mascarpone ✓

im Bild links

Zutaten für 8–10 Stück:
250 g Mascarpone · 1 Eigelb
3 Eßl. Himbeergeist (ersatzweise Fruchtlikör oder -saft)
2 Päckchen Vanillinzucker
Schale von 1/2 unbehandelten Zitrone · 2 Eßl. Zitronensaft
1 fertig gekaufter Obsttortenboden (Biskuit- oder Mürbeteig) · 500 g Himbeeren
500 g Heidelbeeren · 1 Päckchen roter Tortenguß · 1/4 l roter Johannisbeer- oder Traubensaft
200 g Sahne · Minzeblättchen zum Garnieren

Anspruchsvoll • Blitzrezept

Bei 10 Stück pro Stück etwa:
1400 kJ/330 kcal
Zubereitungszeit: 15 Minuten
Kühlzeit: 15 Minuten

Die Mascarpone mit dem Eigelb, dem Himbeergeist oder Fruchtlikör oder -saft, dem Vanillinzucker, der Zitronenschale und dem Zitronensaft cremig schlagen. • Den Tortenboden mit der Creme bestreichen. • Die Beeren verlesen. • Die Früchte mischen und bergartig auf der Creme anordnen. Wenn Früchte übrig bleiben, diese zum Garnieren beiseite stellen. • Den Tortenguß in einem Topf nach und nach mit dem Johannisbeer- oder dem Traubensaft anrühren. Dann unter Rühren zum Kochen bringen. Wenn der Guß klar ist, von der Mitte aus gleichmäßig auf den Früchten verteilen. • Den Tortenguß etwa 15 Minuten fest werden lassen. • Die Sahne steif schlagen und in einen Spritzbeutel füllen. • Die Minzeblättchen waschen und trocknen. • Die Torte aufschneiden und je 1 Stück mit 1 Sahnetupfen und 1 kleinen Zweig Minze anrichten. Übriggebliebene Früchte dazu geben.

Grießflammerie mit Trauben ✓

im Bild rechts

Zutaten für 4 Personen:
1/4 l Milch · 1 Prise Salz
40 g Grieß · 200 g kernlose blaue Trauben · 2 Eßl. Magerquark · abgeriebene Schale von 1 unbehandelten Zitrone · 3 Eßl. Birnendicksaft (ersatzweise Ahornsirup) · 200 g Sahne

Blitzrezept

Pro Portion etwa:
1200 kJ/290 kcal
Zubereitungszeit: 20 Minuten

Die Milch mit dem Salz in einem Topf aufkochen lassen. Den Grieß langsam in die heiße Milch einstreuen, dabei kräftig rühren. Einmal aufkochen und unter Rühren bei schwacher Hitze etwa 4 Minuten köcheln lassen. Den Topf in ein kaltes Wasserbad setzen, den Flammerie abkühlen lassen und zwischendurch mehrmals umrühren. • Inzwischen die Trauben waschen, abzupfen, halbieren und abtropfen lassen. • Den Quark, die Zitronenschale und den Birnendicksaft oder den Ahornsirup mit dem Grießflammerie verschlagen. • Die Sahne steif schlagen. Den Flammerie auf die Sahne geben und diese vorsichtig unterheben. • Die Masse in eine Schüssel füllen, mit den Trauben garnieren und servieren.

Mein Tip: Den Flammerie können Sie sehr gut vorbereiten und im Kühlschrank bis zum Servieren aufbewahren. Dann geben Sie die Trauben erst kurz vor dem Servieren dazu.

Variante: Zum Flammerie paßt auch Pflaumenkompott oder eine Fruchtsauce. Eine edle Note bekommt er, wenn Sie ihn mit 4 frischen, geschälten und halbierten Feigen anrichten.

Feine Käsecreme mit Weintrauben

Milde Käsesorten eignen sich als Dessert besonders gut

Zutaten für 6 Personen:
200 g blaue kernlose Weintrauben · 200 g grüne kernlose Weintrauben · 450 g milder Edelpilzkäse · 80 g weiche Butter · 225 g Brombeergelee
1 Eßl. Cognac oder Zitronensaft
50 g Walnußhälften

Gelingt leicht • Blitzrezept

Pro Portion etwa:
2300 kJ/550 kcal
Zubereitungszeit: 15 Minuten

Die Trauben waschen, mit einer Küchenschere in kleine Portionen schneiden und abtropfen lassen. • Den Käse und die Butter in einer Rührschüssel mit dem Pürierstab pürieren. • Die Käsecreme in einen Spritzbeutel mit sehr großer Lochtülle füllen und bei Zimmertemperatur beiseite legen. • Das Brombeergelee und den Cognac oder den Zitronensaft mit dem Pürierstab zu einer glatten Sauce verschlagen. • Auf sechs Teller die Brombeersauce verteilen. • Die Käsecreme in mehreren Rosetten auf die Brombeersauce spritzen. • Mit den Weintrauben und den Walnußhälften garnieren.

Mein Tip: Pro Person 1–2 Partybrötchen aufbacken und noch warm dazu servieren. Auch kleine Nußbrotscheiben schmecken sehr gut dazu.

Variante: Wenn Sie nur Trauben mit Kernen bekommen, sollten Sie diese halbieren, die Kerne mit einem kleinen Messer herausstreichen und die Käsecreme mit den Traubenhälften garnieren. Statt Trauben können Sie auch 2 vollreife Birnen nehmen. Diese schälen, halbieren, entkernen und in Spalten schneiden. Mit den Birnenspalten garnieren.

Wichtige Tabellen

Auftauen in der Mikrowelle

Die Zeitangaben sind für Lebensmittel, die auftauen, aber nicht erwärmt werden sollen. Wählen Sie deshalb nur die Mikrowellenleistung von 90–180 Watt. Nehmen Sie empfindliche Nahrungsmittel wie Fisch, Fleisch, Geflügel, Wurstwaren und Brot aus dem Gerät, wenn die Randschichten bereits aufgetaut sind, aber die Mitte noch gefroren ist. Diesen Teil lassen Sie dann bei Zimmertemperatur noch einige Minuten auftauen (entspricht der Stehzeit). So verhindern Sie, daß dünnere Stellen schon gar sind, während der Kern noch gefroren ist.

Lebensmittel	Gewicht	Zeit/ Minuten	Stehzeit/ Minuten	Anmerkung
Fleisch im Stück vom Rind,	750 g	22–26	10–15	Fleischstücke 2–3mal wenden.
Schwein oder Kalb	1000 g	25–35	15–20	Sehr fette Fleischteile oder solche mit wenig Fleisch wie Schlegel mit Alufolie abdecken.
Schnitzel, Koteletts oder Steaks	500 g 750 g	12–14 15–20	15–20 20–25	Fleischstücke 2–3mal wenden.
Leber	500 g	8–10	10–15	Angetaute Scheiben voneinander trennen und 1–2mal wenden.
Hackfleisch	500 g	14–16	5–10	Angetaute Partien abnehmen und Kern wenden.
Hähnchen	1000 g	30	15–20	Wenn erforderlich, Verpackung abnehmen und das Hähnchen auf einen umgedrehten Teller in eine Schüssel legen. Die Keulen und Flügel mit Alufolie abdecken und diese nach der Hälfte der Zeit entfernen. Hähnchen 2–3mal wenden.
Fischfilet	300 g	5–7	5–10	1mal wenden
	600 g	10–12	10–15	1–2mal wenden.
	1000 g	20–24	15–20	2–3mal wenden.
Brot im Ganzen oder in Scheiben	250 g 500 g	5–6 8–10	5–7 7–10	Das Brot 2mal wenden und einzelne Scheiben nach der Hälfte der Zeit voneinander trennen.
Obstkuchen	500 g	10–12	10	Kuchen nicht vollständig auftauen, sonst wird das Obst heiß und der Teig trocken.
Rührkuchen	500 g	6–8	10	Kuchen, wenn er noch nicht vollständig aufgetaut ist, in Scheiben schneiden und nachtauen lassen.
Butter und Margarine	250 g	8–10	10–15	Aluminiumverpackung vollständig entfernen und die Butter oder Margarine 1–2mal wenden.
Sahne	200 g	5–7	—	Aluminiumdeckel vollständig entfernen. Die Sahne antauen und noch halbgefroren schlagen.
Quark	250 g 500 g	6–8 10–12	5–10 10–14	Aluminiumdeckel vollständig entfernen. 1–2mal umrühren beziehungsweise verteilen.
Käse, gerieben	100 g	2–3	5	Kurz antauen lassen und bei Zimmertemperatur auftauen lassen.

Geschmeidig machen, Schmelzen und Auflösen in der Mikrowelle

Lebensmittel	Menge	Leistung	Zeit	Anmerkung
Butter	250 g	180 Watt	1/2 Minute	Butter aus dem Kühlschrank ist dann streichfähig.
Schokolade	100 g	360 Watt	1 1/2–2 Minuten	In Stückchen in eine mikrowellengeeignete Schüssel geben, beim Schmelzen 1 mal umrühren.
Gelatine	2 Blatt 4 Blatt	600 Watt 600 Watt	5–8 Sekunden 8–12 Sekunden	Eingeweichte, tropfnasse Gelatine in einem mikrowellengeeigneten Gefäß auflösen.

Speisen erwärmen

Gegarte Speisen können Sie bei Mikrowellenleistung 600 Watt aufwärmen, dabei immer auch die Angaben des Herstellers beachten. Bei Geräten mit einer geringeren Leistung sollten Sie die Zeit etwas verlängern und bei solchen mit einer höheren Leistung die Zeit verkürzen. Wenn Sie die Menge verdoppeln, verdoppelt sich auch die Zeit.

Speiseart	Menge	Leistung	Zeit/ Minuten	Anmerkung
2 Tassen mit Suppe	je 1/4 l	600 Watt	3–4	Mit mikrowellengeeigneter Folie oder Teller abdecken. Nach der Hälfte der Zeit 1 mal umrühren.
Tellergerichte bestehend aus Fleisch, Gemüse und einer Beilage wie Nudeln, Reis oder Kartoffeln	400–500 g	600 Watt	2–3	Fleisch mit etwas Sauce begießen, Gemüse und Beilagen mit etwas Wasser befeuchten, das Gericht abdecken.
Beilagen wie Nudeln, Reis, Kartoffeln	300 g	600 Watt	2–3	Mit etwas Wasser befeuchten und abdecken.
Flüssigkeiten wie Kaffee, Tee	125 ccm	600 Watt	3/4–1	Einen Löffel in die Tasse oder das Glas geben.
Wasser, Glühwein	125 ccm	600 Watt	1–1 1/2	
Milch, Kakao	125 ccm	600 Watt	1/2–1	Die Milch und den Kakao 1 mal umrühren.

Garen im Schnellkochtopf

Beachten Sie bitte immer die Angaben des Herstellers. Die Garzeit beginnt, wenn der vom Hersteller vorgeschriebene Ring am Kochsignal voll sichtbar ist. Die in den Rezepten angegebenen Zeiten sind Anhaltspunkte und abhängig von der Menge und Größe des Gargutes.

Speiseart	Gewicht	Zeit/ Minuten	Anmerkung	Garstufe
Apfelmus	750 g	3–4	Äpfel schälen und ohne Kerngehäuse vierteln.	1
Backobst	250 g	8	mit 3/4 l Wasser und Gewürzen aufsetzen.	2
Blumenkohl	750 g	7–8	Den ganzen Kohl mit 1/4 l Wasser aufsetzen.	2
Fleischbrühe	1 kg	25	Aus 500 g Fleisch und 500 g Knochen mit 1 l Wasser und Suppengemüse kochen.	2
Gulasch	750 g	10–12	Fleisch mit Gemüse	2
Hähnchenkeulen	4 Stück je 200 g	8	mit 1/4 l Brühe	2
Kartoffeln	1 kg	8–10	mit 1/4 l Wasser	2
Kohlrabi	600 g	5–6	mit 1/4 l Brühe	2
Lammbraten	750 g	22–26	mit 3/8 l Flüssigkeit	2
Möhren	600 g	6–7	mit 1/4 l Brühe	2

Der Inhalt des Buches von A bis Z

Zum Gebrauch

Hier stehen die Rezepttitel und Sachbegriffe in alphabetischer Reihenfolge. Damit Sie Rezepte mit bestimmten Zutaten aber noch schneller finden können, stehen in diesem Register zusätzlich auch Hauptzutaten wie Eis oder Tomaten ebenfalls alphabetisch geordnet und halbfett gedruckt über den entsprechenden Rezepten.

Rezeptregister

F

G

H

K

L

Der Inhalt des Buches von A bis Z

Sachregister

Sammeln Sie mit!

Der Leicht-gemacht-Sammelband.

Die besten Rezepte aus der Einsteigerreihe: Tolle Rezepte und Tips für unkomplizierte Menüs, kleine schnelle Mahlzeiten, für Partybuffets, Urlaubs-Spezialitäten. Leckeres für die Kuchenschlacht und für Schleckermäuler.
277 Farbfotos. 19,80 DM.

Die Geschmäcker sind bekanntlich verschieden – der eine mag´s lieber süß-sauer, der andere lieber schärfer, die eine schwört auf Spaghetti, die andere auf Kartoffeln, immer mehr schwören auf Aufläufe, der Herr Nachbar liebt bunte Salate und Chinesisch... und... und...
Unsere Antwort darauf: Vielfalt ohne Grenzen. Dahinter verbirgt sich eine stattliche Sammlung von jetzt über 80 GU Küchen-Ratgeber. Jeder ein Knüller für sich. Mit 64 Seiten pfiffiger Rezept-Ideen. Für nur 12,80 DM. Drum gleich nachschauen, welcher Ratgeber in Ihrer Sammlung noch fehlt.

Stand: 1.1.92. Änderungen und Irrtum vorbehalten.

Mehr draus machen. Mit GU.

GU GRÄFE UND UNZER

Die Autoren

Sabine Freifrau von Imhoff

arbeitete nach ihrer Ausbildung zur Hauswirtschaftsleiterin zunächst in einem Energieversorgungsunternehmen als Elektroberaterin. Später übernahm sie Aufgaben bei einer Elektrofirma als hauswirtschaftliche Energieberaterin. Dann wagte die gebürtige Holsteinerin den Sprung nach Bayern, wo sie ein Schulungs- und Informationszentrum aufbaute und leitete. Ein Höhepunkt in ihrer Kariere war die enge Zusammenarbeit mit einem Dreisterne-Koch. Außerdem hält sie Vorträge und schreibt seit längerem mit Erfolg Kochbücher. Inzwischen hat sie zwei Kinder und muß einen großen Haushalt versorgen. Um Beruf und Familie in Einklang zu bringen, mußte sie ihre Zeit optimal managen. Dazu gehörte auch, Blitzrezepte für viele Gelegenheiten zu entwickeln.

Georg M. Wunsch

begann mit 19 Jahren eine Fotografenlehre beim Werbestudio Dr. Rathschlag in Köln. Nach der erfolgreich abgeschlossenen Lehre arbeitete er als Assistent bei verschiedenen Fotografen, unter anderem auch bei dem Food-Fotografen Arnold Zabert. Seitdem gilt sein besonderes Interesse der Lebensmittelfotografie. Heute ist er als Foto-Designer für Kochbuchverlage, Zeitschriftenredaktionen und Werbeagenturen in seinem eigenen Studio in der Kölner Südstadt tätig.

Impressum

Das Farbfoto auf der Einband-Vorderseite zeigt: Filetsteaks mit Frühlingszwiebeln (Rezept Seite 71).

Die Deutsche Bibliothek –
CIP Einheitsaufnahme
Schnell kochen und geniessen: rasch eingekauft, mühelos zubereitet, im Handumdrehen serviert / Sabine von Imhoff.
Die Farbfotos gestaltete Georg M. Wunsch. – München Gräfe und Unzer, 1992
ISBN 3-7742-1122-1
NE: Imhoff, Sabine von; Wunsch, Georg M.

1. Auflage 1992

Redaktion:
Dipl. oec. troph. Maryna Zimdars
Herstellung: Ulrike Laqua
Farbfotos: Georg M. Wunsch
Umschlaggestaltung:
Heinz Kraxenberger
Reproduktionen: ORD Offset-Reproduktion, Gronau/Westf.
Satz: GSD, München
Druck und Bindung:
Neue Stalling, Oldenburg
ISBN: 3-7742-1122-1